잠잠히 하나님을 믿으라 (하)

Keep Calm
and
Trust God VOL.2

BY
JAKE PROVANCE
&
KEITH PROVANCE

제이크 프로방스 & 키이스 프로방스 지음

한길환 옮김

하나님의 사랑을 만들어 가는 ELMAN

잠잠히 하나님을 믿으라 (하)
Keep Calm and Trust God VOL.2

초판1쇄 2020년 6월 15일

지은이 : 제이크 프로방스 & 키이스 프로방스
옮긴이 : 한길환
펴낸이 : 이규종
펴낸곳 : 엘맨출판사
등록번호 : 제13-1562호(1985.10.29.)
등록된곳 : 서울시 마포구 토정로222
               한국출판콘텐츠센터 422-3
전화 : (02) 323-4060.6401-7004
팩스 : (02) 323-6416
이메일 : elman1985@hanmail.net
www.elman.kr
ISBN : ISBN 978-89-5515-681-2 03230

값 11,500 원

잠잠히 하나님을 믿으라 (하)

Keep Calm
and
Trust God VOL.2

BY
JAKE PROVANCE
&
KEITH PROVANCE

제이크 프로방스 & 키이스 프로방스 지음

한길환 옮김

엘맨
하나님의 사랑을 만들어 가는 ELMAN

목 차

Table of Content

옮긴이의 글

우리는 만사가 끊임없이 급변하는 불확실한 시대 속에서 살고 있다. 이 거대한 현실적인 시대의 조류에 적응하지 못하고 갖가지 고통에 시달리고 있다. 심지어 그리스도인들조차도 이 문제를 극복하지 못하고 자살 충동을 느끼고 스스로 생을 마감하는 선택을 하기도 한다. 참으로 안타까운 일이다.

저자는 우리가 일상 속에서 매일 겪는 이와 같은 고통을 세분화시켜서 원인과 결과를 분석하고 하나님의 말씀으로 대안과 해결책을 제시한다. 「잠잠히 하나님을 믿으라」는 상하 2권으로 되어 있다. 이와 함께 동일한 저자의 다양한 다른 주제의 책 7권이 시리즈로 출판될 예정이다.

이 책들은 미국에서만 100만 부 이상이 발행된 베스트셀러이다. 또한 전 세계적으로 번역 출판되어 수많은 사람들에게 실질적인 도움을 주고 있다. 이 책이 가족 구성원이나 본인, 정신적으로 또는 영적인 문제로 고통을 받고 있는 분들에

게 주님의 은혜로 긴 어둠의 터널을 벗어나는 탈출구가 되기
를 간절히 기원한다.

충남 홍성 생명의 강가 작은 서재에서

한길환 목사

Translator's writing

We live in an era of uncertainty where everything is constantly changing. We are not able to adapt to the tides of this huge, realistic era and suffer from all kinds of suffering. Even Christians do not overcome this problem and feel the urge to commit suicide and choose to end their lives on their own. It is a pity. The author analyzes the causes and effects by subdividing the pains we experience every day in our daily lives, and presents alternatives and solutions in God's Word. [Keep calm and Trust God] consists of two volumes. In addition, seven books from various different topics of the same author will be published in the series. These books are bestsellers with more than 1000,000 copies in the United States alone. It has also been translated and published worldwide, providing practical help to thousands of people. I sincerely wish this book to be a way out of the long dark tunnel through the grace of the Lord to family members or those who are suffering from mental or spiritual problems.

In a small study on the riverside
of life in Hongseong, Chungcheongnam-do

Pastor Gil-Hwan Han

머리글

이 책은 "잠잠히 하나님을 믿으라" 시리즈의 하권이다. 상권은 독자들의 격려로 시리즈를 확대하기로 결정했을 정도로 긍정적인 반응을 얻었다. 비록 시련과 고난이 피할 수 없는 것처럼 보여도 잠잠히 하나님을 믿을 준비를 할 수 있도록 이 책이 여러분을 축복하고 여러분의 믿음을 북돋아 주길 바란다.

제2차 세계대전 중 갈등이 심해지면서 윈스턴 처칠과 영국 정부는 영국 침공이 임박했음을 알았다. 정부는 '평정심을 유지하고 계속하라' 라는 문구가 적힌 포스터를 수천 부나 인쇄했다. 히틀러의 군대가 영국을 침공했을 경우 독일군의 침략에 저항하겠다는 결의에 활기를 북돋을 노력으로 포스터를 영국 일반인들에게 배포해야 했다. 독일이 정말로 영국을 침공했다면 그것은 영국 역사와 자유 세계의 역사에서 가장 어두운 시기 중 하나였을 것이다. 많은 사람들은 히틀러가 유럽을 완전히 지배하는 것을 막을 수 있는 마지막 기회라고 믿었다.

나치 공습과 폭격, 죽음과 파괴, 혼란에 빠진 세계의 그림자의 지배에서 영국인들은 사람들이 격려가 필요할 것이라는 것을 알고 있었다. 자유 세계의 미래는 앞날을 알 수 없는 상황에 처해 있었다.

그러자 그 어두운 시대에 성도들은 사방에서 열렬히 기도했다.

감사하게도 우리들 대부분은 우리 자신의 삶 속에서 결코 그와 같은 비극과 역경을 겪지 않을 것이다. 그럼에도 불구하고 우리는 오늘날 다른 종류의 전쟁에 휘말리고 있는 자신을 발견한다.

우리의 삶은 끊임없이 공격을 당하는 것 같다. 걱정, 두려움, 스트레스, 불안이 우리 중 많은 사람을 상대로 매일 전쟁을 일으킨다. 우리 사회는 우울증과 낙담을 사회적으로 흔한 심각하지 않은 질병으로 받아들인다. 성취되지 않은 꿈, 상실, 이혼, 질병, 죽음, 실패, 실수와 비난 등이 우리위에 폭탄처럼 쏟아져 우리를 꼼짝 못하게 위협한다.

그러나 하나님은 그런 파괴적인 잔학행위의 창시자나 원인을 제공하시는 분이 아니시다. 성경은 요한복음 10장 10절에서 "도둑질하고 죽이고 멸망시키려고 온 것은 사탄이다. 예수님은 우리에게 생명을 얻게 하고 더 풍성히 얻게 하시기 위해서 오셨다"고 분명히 말씀한다.

우리는 이런 힘든 시기에 어디로 향해야 할까? 2차 세계대전 때 그리스도인들이 있었던 곳으로 향해야 한다-기도. 영국이 독일 침공의 위협에 직면할 때처럼, 우리는 "평정심을 유지하고 우리가 하던 일을 계속해야 한다." 그러나 역경이 올 때, 단순히 평점심을 유지하는 것만 으로는 충분하지 않다. 우리는 표어만 가지고 우리 영혼의 적과 싸울 수 없다. 또한 우리는 자신의 힘만으로 "하던 일을 계속"할 수 없다. 우리는 하나님을 의지하고 하나님께 우리의 힘을 공급받을 필요가 있다. 우리는 그분을 완전히 전적으로 신뢰할 필요가 있다.

우리가 그것을 깨닫든 깨닫지 못하든 간에 오늘날 우리의 삶에서 직면하는 많은 전투는 영적 전투이다. 따라서 우리는 우리 자신의 의지력만으로는 이길 수 없다. 당신에게 문제가 생기거나 나쁜 소식이 바로 눈앞에 닥칠 때, 하나님께 대한 믿음으로 두려움을 대신하고, 하나님을 믿는 믿음으로 걱정을 대신하고, 불안을 그분의 평화로 바꾸기로 결심하라. 무엇보다도 잠잠히 하나님만 바라라. 하나님은 결코 당신을 떠나지 않으시고 버리지 않으시겠다고 약속하셨다. 그분은 당신의 삶의 부분이 되기를 원하신다. 당신이 그분의 도움이 필요할 때 당신이 해야 할 모든 것은 그분의 도움을 구하는 것이다. 당신이 가장 필요한 때에 그분은 당신을 들어 올리시고 떠받치실 것이다. 그분은 삶의 폭풍의 한가운데서 당신에게 평화를 주실 것이다.

우리의 소망을 다음 한 구절의 말씀이 당신의 삶 속에서 직면하고 있는 도전을 이겨낼 격려와 힘, 그리고 영감을 줄 것이다. 하나님은 당신 편이시다. 하나님은 당신을 도우신다! 하나님은 당신을 끝까지 돌보실 것이다!

Introduction

This is volume two of the "The Keep Calm & Trust God" series. Volume one received such a positive response that at the encouragement of our readers, we have decided to expand the series. We hope it will bless you and encourage you in your faith, so that even if trials and troubles seem unavoid- able, you will be prepared to keep calm, and trust God.

During World War II, as the conflict intensified, Winston Churchill and the British government real- ized that an invasion of England was imminent. The government had thousands of posters printed with the slogan "Keep Calm & Carry On." In the event that Hit- ler's army invaded Britain, the posters were to be dis- tributed to the British general population in an effort to galvanize their resolve to resist German aggression. If indeed Germany did invade Britain, it would be one of the darkest hours in British history and the history of the free world. Many believed it would be the final opportunity to prevent Hitler's complete domination of Europe.

Under the shadow of Nazi air raids and bombing runs, death and destruction, and a world thrown into chaos, the British knew the people would need encouragement. The future of the free world teetered in the balance. And in those dark times, believers everywhere prayed fervently.

Thankfully, most of us will never have to face that kind of tragedy and adversity in our own lives. Nevertheless, today we find our- selves embroiled in a different kind of war.

Our lives seem to be under constant assault. Worry, fear, stress, and anxiety make war on many of us daily. Our society has accepted depression and discouragement as common social ailments. Anxiety threatens to immobilize us, as unfulfilled dreams, loss, divorce, sickness, death, failures, mistakes, and criticism seem to rain down on us like bombs.

But God is not the author or cause of such destructive atrocities. The Bible clearly states in John 10:10 that it is Satan that is the enemy who comes to steal, and to kill, and to destroy. Jesus came that we might have life-and life more abundantly.

So where do we turn in these trying times? The same place the Christians in World War II did: prayer.

Just as with the British facing the threat of German invasion, we must "Keep Calm and Carry On." When adversity comes, however, simply keeping calm is not enough. We cannot fight the enemy of our soul with a slogan. Nor can we "carry on" in our own strength. We need to rely on and gain our strength from God. We need to trust Him completely and totally.

Whether we realize it or not, many of the battles

we face in our lives today are spiri- tual battles, and we cannot win with just our own willpower. When trouble comes your way or when bad news hits you right between the eyes, be determined to replace fear with confidence in God, to replace worry with faith in Him, and to replace anxiety with His peace. Keep calm, and most of all, trust God.

God has promised to never leave you or forsake you. He wants to be a part of your life. When you need His help, all you have to do is ask. In your hour of greatest need, He will uphold you and sustain you. He will give you peace in the midst of the storms of life.

Our hope is that the following pages will provide encouragement, strength, and inspiration to over- come whatever chal- lenges you may be facing in your life. God is on your side; God is for you! He will see you through!

"소망과 같은 약도, 그렇게 큰 격려도, 더 나은 내일을 기대하는 것만큼 강력한 강장제는 없다."

-오리슨 마든(Orison Marden)

"There is no medicine like hope, no incentive so great , and no tonic so powerful as expectation of something better tomorrow"

- ORISON MARDEN

소망

대부분의 사람들이 믿는 것과는 달리 소망은 원하는 생각의 또 다른 명칭이 아니다. 소망은 하나님이 당신을 끝까지 돌보실 것이라는 것을 알고 하나님을 전적으로 확신하는 믿음으로 정의되는 영적 힘이다. 문제가 생기면 부지런히 조언을 구하고 할 수 있는 한, 모든 일을 하는 것이 좋지만, 결코 당신의 모든 소망을 사람이나 이 세상의 체계에 두지 않는 것이 좋다. 당신은 다른 사람, 의사, 변호사, 혹은 자신의 능력에 희망을 둘 수는 없다. 당신은 회사나 정당, 경제에 희망을 둘 수는 없다. 그 모든 것들이 눈 깜짝할 사이에 바뀔 수 있다.

그 대신 흔들리거나 변하지 않는 분에게 당신의 소망을 두라. 당신에게 불리하게 될 확률이 쌓이고 실패와 패배가 임박해 보일지 모르지만 용기를 내라! 다른 선택의 여지를 다 써버린 후에도 소망은 여전히 살아 있다. 그분의 이름은 예수님이다. 모든 우주에 예수님에 대한 믿음과 신뢰를 두는 것보다 더 확실한 것은 없다. 당신의 온 세상이 무너질 수도 있다. 그러나 하나님은 여전히 당신을 지탱하고 당신을 돌보실 것이다.

그분은 그저 그들을 피해 숨어 계시는 것이 아니라 당신이 힘을 얻고 당신의 소망을 다시 회복시키기 위해 당신을 삶의 폭풍 속에서 보호하실 것이다. 그분은 삶의 가장 큰 어려움의 한가운데서도 당신을 지탱케 해 주실 것이다. 그분은 인내할 용기와 인내할 수 있는 힘을 주실 것이며 당신이 직면하는 문제가 무엇이든지 극복할 용기를 주실 것이다. 나아갈 길이 없는 것처럼 보일 때 길을 만들어 주실 것이다. 인간에게 불가능한 것은 하나님과 함께할 때 가능하다! 항상 예수님께 소망을 두라!

Hope

Contrary to what most people believe, hope is not another name for wishful thinking. Hope is a spiritual force defined as confident trust in God, knowing that He will see you through. When trouble comes, it's good to be diligent and seek wise counsel and to do all you know to do, but never put all your hope in a person or this world's system. You can't put your hope in other people, a doctor, an attorney, or in your own ability. You can't put your hope in a company, political party, or the economy. All those things can change in a blink of an eye.

Instead, put your hope in Someone who will never waver or change. The odds may be stacked against you, and failure and defeat may seem imminent, but take heart! Even after you have exhausted all other options, hope is still alive-and His name is Jesus!

There is not a more sure thing in all the universe than putting your confidence and trust in Jesus. Your whole world could come crashing down around you, and He will still be there to sustain you and take care of you.

He'll shelter you in the storms of life- not just to escape them and hide, but to gain strength and renew your hope. He will sustain you in the middle of life's greatest difficulties. He will give you patience to endure, strength to persevere, and courage to overcome whatever challenges you may be facing. He'll make a way when there seems to be no way out. What's impossible with man is possible with Him!

Always put your hope in Jesus!

◆ 기도

주여! 소망을 잃지 않도록 도와주소서. 내 삶의 도전이나 상황에 집중하지 않고 당신과 당신의 말씀에 집중하도록 도와주소서. 나는 이 세상의 체계나 인간의 지혜가 아닌 나의 확신을 당신께 두기로 결심하나이다. 주여! 나를 지탱하시고 일으켜 세우시리라 믿나이다.

날 사랑하시고 내 문제를 혼자 직면하도록 결코 나를 떠나지 않으실 것이라는 것을 아나이다. 당신은 이 삶의 폭풍으로부터 나의 피난처이시나이다. 나는 주님의 말씀의 약속을 배우고 묵상하면서, 내 마음이 격려를 받고 내 영혼이 생기를 되찾게 된 것에 감사하나이다. 나는 당신의 임재 안에서 새로운 소망과 위안을 찾았나이다. 아멘.

◆ Prayer

Lord,

I ask You to help me not lose hope. Help me to focus on You and Your Word and not on the challenges or circumstances in my life. I choose to put my confidence in You and not in this world's system or the wisdom of men. I trust You, Lord, to sustain me and lift me up.

I know You love me and You will never abandon me to face my problems alone. You are my refuge and my shelter from the storms of this life. As I study and meditate on the promises in Your Word, I thank You that my heart is encouraged and my soul is refreshed. I find renewed hope and comfort in Your presence.

◆ 성경

"여호와는 자기를 경외하는 자들과 그의 인자하심을 바라는 자들을 기뻐하시는도다."

- 시 147:11

"부지런하여 게으르지 말고 열심을 품고 주를 섬기라 소망 중에 즐거워하며 환난 중에 참으며 기도에 항상 힘쓰라."

- 롬 12:11,12

"너는 여호와를 기다릴지어다 강하고 담대하며 여호와를 기다릴지어다."

- 시 27:14

"너희는 그를 죽은 자 가운데서 살리시고 영광을 주신 하나님을 그리스도로 말미암아 믿는 자니 너희 믿음과 소망이 하나님께 있게 하셨느니라."

- 벧전 1:21

◈ Scriptures

"The Lord taketh pleasure in them that fear him, in those that hope in his mercy."

- PSALM 147:11

"Never lag in zeal and in earnest endeavor; be aglow and burning with the Spirit, serving the Lord. Rejoice and exult in hope; be steadfast and patient in suffering and tribulation; be constant in prayer."

- ROMANS 12:11, 12 (AMP)

"Wait and hope for and expect the Lord; be brave and of good courage and let your heart be stout and enduring. Yes, wait for and hope for and expect the Lord."

- PSALM 27:14 (AMP)

"Who by him do believe in God, that raised him up from the dead, and gave him glory; that your faith and hope might be in God."

- 1 PETER 1:21

"그리스도인은 소망 대신에 어떤 것에도 끼어들지 않을 것이다. 소망은 마음이 아프거나 부서지는 것과 실신하는 것과 가라앉는 것 모두를 막아 줄 것이라는 것을 알고 있다. 그는 소망이 하나님의 빛, 영광의 불꽃이며, 영혼이 영광으로 가득 차기 전까지는 아무것도 소망을 소멸시킬 수 없다는 것을 알고 있다."

-토마스 브룩스(Thomas Brooks)

"A Christian will part with anything rather than his hope; he knows that hope will keep the heart both from aching and breaking , from fainting and sinking; he knows that hope is a beam of God, a spark of glory, and that nothing shall extinguish it till the soul be filled with glory"

- THOMAS BROOKS

"하나님의 사랑이 훨씬 더 깊지 않을 만큼 깊은 구덩이
는 없다."

-코리 텐붐(Corrie Ten Boom

-홀로 코스트 생존자)

"There is no Pit so deep that God's love is not deeper still"

— CORRIE TEN BOOM
(HOLOCAUST SURVIVOR)

사랑

무조건적인 사랑, 너무나 순수하고 위대한 사랑으로 하나님께서 당신을 위해 하나뿐인 아들을 포기하신 것이다. 당신이 무엇을 했든, 당신이 얼마나 많은 실수를 했든, 앞으로도 그렇게 하든, 그분은 당신을 용서하시고 당신을 사랑하신다고 말씀하신다. 당신은 "나는 너무나 많은 것을 망쳤는데, 어떻게 이런 일이 가능할 수 있지?"라고 말할 수 있다. 그것은 당신이 사랑을 받을 만한 자격이 없고 사랑을 받을 수 없기 때문에 사랑은 당신을 위한 하나님의 선물이다. 예수님이 십자가에서 당신을 위해 행하신 일이다!

하나님은 우리와 더 가까워지도록 우리가 기도하고 그분의 말씀을 읽는 것을 우리의 삶에서 우선순위로 삼기를 원하신다. 그분의 말씀은 우리를 제한하는 규칙들로 가득 찬 것이 아니라 우리를 인도하는 방향으로 가득 차 있다. 하나님은 우리가 그분의 성품의 광채를 드러내기 때문에 우리가 그분의 말씀을 읽기를 원하신다. 그분은 우리와 함께 시간을 보내도록 우리가 기도하기를 원하신다. 우리가 그렇게 해야 하기 때문에 기도하거나 성경을 읽는 것이 아니라 우리를 위해 모든 것을 주신 하나님과 더 가까워지기를 원하기 때문이다.

하나님은 당신 편이시며, 당신을 위하시고, 당신을 돕기 위해 계신다. 푯대를 놓쳤을 때, 단순한 진실은 하나님께서 당신에게 실망하신 것이 아니라, 당신을 위해 실망하셨다는 것이다. 그분은 당신에게 화가 나신 것이 아니다. 그분은 우리가 나쁜 결정을 내리거나 죄를 짓게 되면 잘못된 방향으로 나아가는 길을 택하게 된다는 것을 아신다. 그분은 그 길 끝에 기다리고 있는 두려움과 고통 그리고 가슴 아픈 것을 알고 계신다. 당신이 심각한 정신적 문제를 겪고 있거나 죄를 지었을 때 주님께 용서를 구하고 그 용서를 받아들이라. 하나님은 당신이 상상하는 것보다 당신을 더 사랑하신다.

Love

Unconditional love-love so pure, so grand, that God would give up His only Son for you. It's a love that says that no matter what you have done, no matter how many mistakes you have made or ever will make, He forgives you and loves you. You might be saying, "How can this be possible? I have messed up so bad, so many times." That's because you don't deserve it, you can't earn it-it is God's gift to you. Your actions or goodness are not what qualifies you for the love of God. It is what Jesus did on the cross for you!

God wants us to make prayer and reading His Word a priority in our lives so He can be closer to us. His Word isn't full of rules to restrict us, but rather directions to guide us. He wants us to read His Word because it reveals the splendor of His character. He wants us to pray so He can spend some alone time with us. We don't pray or read the Bible because we have to but because we want to be closer to God, who gave everything for us.

God is on your side, He is for you, and He is there to help you. When you miss the mark, the simple truth is God is not disap- pointed in you, but disappointed for you. He isn't mad at you. He just knows when we make bad decisions or let sin into our life that it sets us on a course going the wrong direc- tion. He knows the fear, pain, and heartache waiting at the end of that road. When you mess up or sin, just ask the Lord to forgive you-and then receive that forgiveness. God loves you more than you can ever imagine.

◆ 기도

주여! 내가 사랑하지 않을 때에도, 내가 실수할 때에도, 내가 심각한 정신적 문제를 겪고 있을 때에도, 그리고 내가 당신을 실망시킬 때에도, 나를 사랑해 주셔서 감사하나이다. 당신의 무조건적인 사랑을 믿게 도와주시고, 내가 무엇을 하든, 나를 향한 당신의 사랑은 결코 변하지 않으신다는 것을 알게 해 주소서.

당신이 내게 주신 위대한 사랑을 이해하게 해 주소서. 사람들에 대한 사랑으로 내 마음을 채우소서. 다른 사람에게 당신의 사랑을 표현하도록 도와주소서. 당신의 사랑, 당신의 빛, 그리고 당신의 삶이 내 삶을 통해 내 주위 사람들에게 빛을 비추게 해 주소서.

당신의 사랑이 어려운 시기에 나를 지탱하고 내가 무엇을 해야 할 지 확신하지 못할 때 나를 인도하는 생명력이 되게 하소서. 내 마음과 영혼과 힘을 다해 당신을 사랑하고 당신이 나를 사랑했던 것처럼 다른 사람들도 사랑하게 하소서. 주여! 무한하신 사랑에 감사하나이다. 아멘.

◈ Prayer

Lord,

Thank You for loving me, even when I am unlovely, even when I make mistakes, even when I mess up, and even when I fail You. Help me to trust in Your unconditional love and know that no matter what I do, Your love for me will never change.

Let me grasp the great love that You have for me. Fill my heart with Your love for humanity. Help me express Your love to others. Help me let Your love, Your light, and Your life shine through my life to those around me.

Let Your love be the life force that sustains me in difficult times and guides me when I am unsure what to do. Help me love You with all my heart, soul, and strength and love others like You have loved me. Thank You, Lord, for Your boundless love.

"그런즉 믿음, 소망, 사랑, 이 세 가지는 항상 있을 것인데 그 중의 제일은 사랑이라."

-고전 13:13

"하나님이 세상을 이처럼 사랑하사 독생자를 주셨으니 이는 그를 믿는 자마다 멸망하지 않고 영생을 얻게 하려 하심이라."

-요한복음 3:16

"우리가 사랑함은 그가 먼저 우리를 사랑하셨음이라."

- 요1서 4:19

"너희가 서로 사랑하면 이로써 모든 사람이 너희가 내 제자인 줄 알리라."

- 요 13:35

◈ Scriptures

"So now faith, hope, and love abide, these three; but the greatest of these is love."

— 1 CORINTHIANS 13:13 (ESV)

"For God so greatly loved and dearly prized the world that He [even] gave up His only begotten (unique) Son, so that whoever believes in (trusts in, clings to, relies on) Him shall not perish (come to destruction, be lost) but have eternal (everlasting) life."

— JOHN 3:16 (AMP)

"We love him, because he first loved us."

— 1 JOHN 4:19

"By this shall all men know that ye are my disciples, if ye have love one to another."

— JOHN 13:35

"사랑은 우리가 그분의 회초리를 피할 수 있었던 바로 그 이유, 하나님의 정의(定義)다. 대신에 그분은 그분의 아들을 우리에게 주셨고, 죽으심으로 그 일은 끝이 났다.

살아가는 고통이 클 때 그리고 한숨을 쉬기도 힘들 때 당신의 마음이 보살핌이 없어질 때 그리고 너무 무거워서 벗을 수가 없을 때
우리가 삶이라고 부르는 이 모든 것을 잃어버린 것처럼 느껴질 때
그분을 십자가에 못 박은 것은 못이 아니었다는 것을 기억해야 할 때다.

그것은 비둘기처럼 순결하게 옷을 입은 가장 큰 힘, 사랑이라 불리는 가장 아름답고 희귀한 원소였다.

- 제이크 프로방스(Jake Provance)

It's the definition of God,

The very reason we were spared from his rod. In-

stead he gave us his son,

And in death the job was done,

When the pain of living is high, And it's tough to

muster a sigh, When your heart is vacant of care,

And the weight too much to bare,

When this whole thing we call life feels like a loss,

It's time you remembered it wasn't nails that held

him to the cross,

It was the greatest strength clothed in purity like

a dove,

The most beautiful and rare element called Love.

- BY JAKE PROVANCE

"나는 어려움 가운데서 미소를 짓고, 고난 가운데서 힘을 모으고, 반성함으로 용감해질 수 있는 사람들을 사랑한다."

- 레오나르도 다 빈치(Leonardo Da Vinci)

"I love those who can smile in trouble, who can gather strength from distress, and grow brave by reflection."

– LEONARDO DA VINCI

힘

　때로는 일상생활의 힘든 일이 당신의 힘을 빼앗아가고, 당신을 피곤하게 하고, 지치게 하고, 기진맥진하게 할 수도 있다. 많은 경우 그것은 육체적 소모뿐만 아니라 걱정, 불안, 좌절을 여러분의 삶에 가져다줄 수 있다. 정신적인 피로 또한 완전히 에너지가 없다고 느낄 정도로 여러분의 힘을 소모시킬 수 있다.

　어쩌면 일이 잘 풀리지 않고 매일 일하러 갈 힘이 필요할지도 모른다. 아마도 당신은 직업을 잃었거나 당신의 삶이나 가족의 구성원의 삶에 큰 질병으로 스트레스에 직면하고 있을 것이다. 아마도 당신은 심각한 결혼 문제나 문제가 많은 십대들을 상대하고 있을 것이다. 어떤 경우든 우리 삶의 모든 것의 균형을 맞추려고 할 때 밀려오는 피로와 싸우기 위해서는 힘이 필요하다. 따라서 질문은 "어떻게 하면 삶 속에서 일어나는 끊임없는 어려움 속에서 이겨낼 수 있을까?" 하는 것이다.

하나님은 그분의 말씀으로 이 질문에 답하시고 우리의 힘의 원천이 누구인지를 밝히신다.

"끝으로 너희가 주 안에서와 그 힘의 능력으로 강건하여지라"(엡 6:10). 우리는 기도와 말씀을 통해 그분과의 교제를 통해서 힘을 얻는다. 우리가 주님과 함께 시간을 보낼 때 그것은 우리의 정신을 강하게 하고 우리의 믿음을 강화시킨다. 우리가 성경을 읽고 성경의 약속을 묵상할 때, 우리는 어떤 도전이 닥치더라도 견뎌낼 힘, 극복할 힘, 우리를 지탱할 기쁨을 얻는다.

Strength

Sometimes the daily grind of everyday life can rob you of your strength, leaving you tired, beat up, and worn out. Many times it's not just the physical drain but also the mental fatigue that worry, anxiety, and frustration can bring into your life, sapping your strength to the point that you feel completely void of energy.

Maybe things are not going well at work and it takes all the strength you can muster just to get up and go to work every day. Maybe you have lost your job or you are facing the stress of a major sickness in your life or the life of a family member. Maybe you are facing serious marital problems or dealing with a troubled teen. Whatever the case, it takes strength to combat the weari- ness that comes when trying to balance all the things in our lives. So the question is,

"How can we stay strong in the midst of life's ever-constant troubles?"

God answers this question in His Word and reveals who our source of strength is: "In conclusion, be strong in the Lord [be empowered through your union with Him]; draw your strength from Him [that strength which His boundless might provides]" (Ephesians 6:10 AMP). We gain strength through our fellowship with Him in prayer and through His Word. When we spend time with the Lord, it strengthens our spirit and bolsters our faith. When we read the Bible and meditate on its promises, we receive strength to endure, power to overcome, and joy to sustain us-no matter what challenges may come.

◆ 기도

주여! 나에게 힘을 주시기를 당신께 구하나이다. 일상생활의 요구들이 나를 끌어내리거나 지치게 하지 않도록 내가 당신께 힘을 얻도록 도와주소서. 당신의 힘이 내 안에 영적 회복력, 육체적 체력, 정신적 예리함을 만들어내도록 하소서. 굴복하거나 포기하고 싶은 시험을 이겨내도록 도와주소서. 이는 내 힘이 흔들리기 시작하면, 당신의 힘이 대신할 것이기 때문이나이다. 내가 지치지 않도록 당신의 힘을 끌어내도록 도와주소서. 당신은 나의 에너지원이시자 힘의 원천이시나이다. 당신의 임재 안에서 나는 내가 견뎌야 할 힘, 극복할 힘, 그리고 나의 길에 찾아올 수도 있는 어떤 도전도 이겨낼 수 있는 기쁨을 떠받치는 힘을 발견하나이다. 당신의 말씀을 공부하고 묵상할 때, 나는 위로와 평화를 찾고 나의 힘이 새롭게 된 것을 당신께 감사드리나이다.

◆ Prayer

Lord,

I ask You to give me strength. Help me draw strength from You so that the demands of daily living won't pull me down or wear me out. Let Your strength produce spiritual resilience, physical stamina, and mental sharpness in me.

Help me resist the temptation to give in or give up. For when my strength begins to waver, Yours will take over. Help me draw strength from You so I will not grow weary. You are my source of energy and my source of strength.

In Your presence I find strength to endure, power to overcome, and sustaining joy to conquer any challenge that may come my way. As I study and meditate on Your Word, I thank You that I find comfort and peace and my strength is renewed.

"피곤한 자에게는 능력을 주시며 무능한 자에게는 힘을 더하시리로다."

- 사 40:29

"오직 여호와를 앙망하는 자는 새 힘을 얻으리니 독수리가 날개치며 올라감 같을 것이요 달음박질하여도 곤비하지 아니하겠고 걸어가도 피곤하지 아니하리로다."

- 사 40:31

"내게 능력 주시는 자 안에서 내가 모든 것을 할 수 있느니라"

- 빌 4:13

◈ Scriptures

"He giveth power to the faint; and to them that have no might he increaseth strength."

-ISAIAH 40:29

"But they that wait upon the Lord shall renew their strength; they shall mount up with wings as eagles; they shall run, and not be weary; and they shall walk, and not faint."

-ISAIAH 40:31

"I have strength for all things in Christ Who empowers me [I am ready for anything and equal to anything through Him Who infuses inner strength into me; I am self- sufficient in Christ's sufficiency]."

-PHILIPPIANS 4:13 (AMP)

"당신은 당신이 실로 표면에 불안해 보이는 것을 멈추는 모든 경험을 통해서 힘, 용기 및 자신감을 얻는다. 당신은 스스로에게 말할 수 있다. "나는 이 공포를 이겨내고 살아왔다. 그 다음 일어날 일은 내가 맡을 수 있다. 나는 내가 할 수 없다고 생각하는 일을 해야 한다."

- 엘리노어 루즈벨트(Eleanor Roosevelt)

"You gain strength, courage and confidence by every experience in which you really stop to look fear in the face. You are able to say to yourself, 'I have lived through this horror. I can take the next thing that comes along.' You must do the thing you think you cannot do."

– ELEANOR ROOSEVELT

"주여! 나를 당신의 평화의 도구로 삼아 주소서. 증오가 있는 곳에는 사랑을 심고, 상처가 있는 곳에는 용서를 심고, 의심이 있는 곳에는 믿음을 심고, 절망이 있는 곳에는 희망을 심고, 어둠이 있는 곳에는 빛을 심고, 슬픔이 있는 곳에는 기쁨을 심게 하소서.

오, 주여! 위로를 받으려고 하기보다는 위로하고, 사랑을 받으려고 하기보다는 사랑하게 하소서. 이는 우리가 받는 것은 주는 것이며 우리가 용서받는 것은 우리가 용서하는 것이며 우리가 다시 영생으로 태어나는 것은 죽는 것이기 때문이나이다."

- 아시시의 성 프란치스(St Francis of Assisi)

"Lord, make me an instrument of your peace. Where there is hatred, let me sow love; where there is injury, pardon; where there is doubt , faith; where there is despair, hope; where there is darkness, light; where there is sadness, joy.

O, Divine Master, grant that I may not so much seek to be consoled as to console; to be understood as to understand; to be loved as to love; For it is in giving that we receive; it is in pardoning that we are pardoned; it is in dying that we are born again to eternal life."

- ST FRANCIS OF ASSISI

평화

우리 모두는 끊임없이 우리 삶에서 더 많은 평화를 찾고 있는 것 같다. 매일 우리의 평화는 끊임없는 공격에 처해 있다. 친구, 가족, 그리고 우리가 알지도 못하는 사람들로부터 온 문자 메시지와 이메일의 범람, 일과 일상생활의 고단함 그리고 삶이 우리에게 주기적으로 던지는 도전은 우리에게 평화가 없을 정도로 스트레스를 줄 수 있다.

평화는 단지 스트레스, 피곤함, 불안함 때문에 얻지 못하는가! 평화는 조용한 저녁, 소설을 읽거나 TV에서 좋아하는 쇼를 시청하면서도 얻을 수 있는가? 잠시 그럴 수도 있겠지만, 그런 종류의 평화는 당신이 현실 세계로 다시 돌아오는 순간 덧없이 지나간다. 예수님이 부활하신 후 이 세상을 떠나실 때, "평안을 너희에게 끼치노니 곧 나의 평안을 너희에게 주노라 내가 너희에게 주는 것은 세상이 주는 것과 같지 아니하니라 너희는 마음에 근심하지도 말고 두려워하지도 말라"(요 14:27)고 말씀하셨다. 마음과 감정은 우리가 어떻게 삶의 광기 속에서 침착하고 냉정하며 마음을 가라앉힐 수 있는지 이해하지 못한다.

평화는 외부의 한가한 시간에서 얻는 덧없는 평화가 아니라, 하나님에 대한 믿음에서 오는 영원한 평화다. 이사야 26장 3절에서 하나님은 "심지가 견고한 자를 평강하고 평강하도록 지키시리니 이는 그가 주를 신뢰함이니이다."라고 말씀하신다. 만약 당신이 당신의 삶에 더 많은 평화가 필요하다면, 당신은 당신이 바라보고 있는 곳을 바꿀 필요가 있을 것이다! 당신이 하나님을 바라보며 그분이 당신을 보살피시고 당신을 지탱하시도록 선택했다면 삶의 바쁜 일이 당신을 압도하지 않을 것이고, 그분의 평화는 당신에게 오직 그분께로부터만 올 수 있는 평온과 기쁨의 상태로 이끌 것이다.

Peace

It seems like we are all constantly searching for more peace in our lives. Every day our peace is under constant attack. The flow of text messages and emails from friends, family, and people we don't even know; the daily grind of work and everyday living; and the challenges that life throws at us on a regular basis can stress us out to the point there is no peace in our lives.

But is peace just the lack of feeling stressed, tired, or anxious? Can it be gained by a quiet evening, reading a novel, or watching a favorite show on TV? Maybe temporarily, but that kind of peace is fleeting and dissipates the moment you step back into the real world.

When Jesus left this earth after being resurrected, He said, "Peace I leave with you; my peace I give unto you; not as the world giveth, give I unto you, let not your heart be troubled, neither let it be afraid" John 14:27. Our minds and emotions can't comprehend how we can be calm, cool, and collected in the middle of the craziness of life.

It's not the world's fleeting peace gained from ex-ternal leisure, but rather an ever- lasting peace that comes from our trust in God. In Isaiah chapter 26, God says, "I will keep them in perfect peace whose eyes are fixed on me." If you need more peace in your life, then maybe you need to change where you are looking! When you choose to look to God and trust Him to take care of you and sustain you, then the busyness of life will cease to overwhelm you and His peace will bring you to a state of calmness and joy that can only come from Him.

◈ 기도

주여! 당신의 평화를 주신 것을 감사하나이다. 조바심도, 불안도 없이 내 인생에서 어떤 문제나 도전에 직면할 수 있는 평화! 예상치 못한 사소한 문제나 어려움이 내 삶에 불쑥 파고들 때 내가 혼란스러워하거나 좌절하지 않도록 도와주소서.

당신의 임재 안에서만 발견할 수 있는 안식과 평화의 장소로 들어가는 방법을 알려주소서. 남의 말이나 행동 때문에 내가 나쁘게 반응하거나 동요하지 않도록 도와주소서. 내가 주위의 사정 때문에 걱정이 되거나 두려워하는 시험을 받을 때 나의 마음이 흔들리지 않고 평화롭게 유지되도록 도와주소서. 내가 침착하게 당신을 신뢰한다면 모든 것이 잘 될 것이라는 확신을 가질 수 있도록 도와주소서.

- 아멘

◈ Prayer

Lord,

I thank You for giving me Your peace. That peace that passes all understanding. Peace that allows me to face any problem or challenge in my life without getting fretful, disturbed, or anxious. Help me not to be distraught or frustrated when unexpected glitches or difficulties pop up in my life.

Show me how to enter into that place of rest and peace that can only be found in Your presence. Help me to not react badly or become agitated because of what other people say or do. Help me to keep my mind at peace and my heart steady when I am tempted to worry or become fearful because of the circumstances around me. Help me to have confident assurance in the fact that everything will work out just fine if I will keep calm and put my trust in You.

◆ 성경

"평안을 너희에게 끼치노니 곧 나의 평안을 너희에게 주노라
내가 너희에게 주는 것은 세상이 주는 것과 같지 아니하니라
너희는 마음에 근심하지도 말고 두려워하지도 말라."

-요 14:27

"주께서 심지가 견고한 자를 평강하고 평강하도록 지키시리
니 이는 그가 주를 신뢰함이니이다."

-사 26:3

"그리스도의 평강이 너희 마음을 주장하게 하라 너희는 평강
을 위하여 한 몸으로 부르심을 받았나니 너희는 또한 감사하
는 자가 되라."

-골 3:15

◈ Scriptures

"Peace I leave with you, my peace I give unto you: not as the world giveth, give I unto you. Let not your heart be troubled, neither let it be afraid."

- JOHN 14:27

"Thou wilt keep him in perfect peace, whose mind is stayed on thee: because he trusteth in thee."

-ISAIAH 26:3

"And let the peace (soul harmony which comes) from Christ rule (act as umpire continually) in your hearts [deciding and settling with finality all questions that arise in your minds, in that peaceful state] to which as [members of Christ's] one body you were also called [to live]. And be thankful (appreciative), [giving praise to God always]."

-COLOSSIANS 3:15 (AMP)

"아무것도 염려하지 말고 다만 모든 일에 기도와 간구로, 너희 구할 것을 감사함으로 하나님께 아뢰라 그리하면 모든 지각에 뛰어난 하나님의 평강이 그리스도 예수 안에서 너희 마음과 생각을 지키시리라."

-빌 4:7

"And God's peace [shall be yours, that tranquil state of a soul assured of its salvation through Christ , and so fearing nothing from God and being content with its earthly lot of whatever sort that is, that peace] which transcends all understanding shall garrison and mount guard over your hearts and minds in Christ Jesus."

- PHILIPPIANS 4:7 (AMP)

"용기는 항상 큰소리를 내는 것이 아니다. 이따금 용기는 하루가 끝날 때 내일 다시 시도해보겠다고 말하는 작은소리이다."

- 메리 앤 래드마처(Mary Anne radmacher)

"Courage doesn't always roar. Sometimes courage is the little voice at the end of the day that says I'll try again tomorrow."

- MARY ANNE RADMACHER

용기

우리들 대부분은 용기를 생각할 때, 전투 현장에서의 영웅적 행위, 확실한 죽음으로부터 어린아이를 구하기 위해 불타는 건물로 뛰어드는 소방관, 또는 차가 차오르는 물에 가라앉기 직전에 노파를 구하기 위해 홍수로 불어나는 시냇물 속으로 들어가는 낯선 사람을 생각한다. 사실, 용기 있는 행동은 종종 더 평범하고 훨씬 덜 극적이지만 덜 중요하지는 않다.

용기 있는 행동이란 아버지가 매일 아침 5시에 일어나서 즐겁지도 않은 직장에 출근하기 위해 일하러 가는 것을 말한다. 그는 자신의 노력에 대해 특별한 인정을 받거나 그의 노력에 대한 정당한 보상을 받지 못할 수도 있지만, 어쨌든 가족을 부양하기 위해 그렇게 한다. 그것이 용기 있는 일이다.

때로는 당신이 울고 싶을 때 웃거나 당신이 낙담할 때 다른 사람들에게 격려의 원천이 되려면 용기가 필요하다. 과거를 버리고 용서하는 데는 용기가 필요하고, 내면의 모든 것이 포기하라고 말할 때 계속 버텨나가는 데는 용기가 필요하다. 그렇다면 하루도 더 견딜 수 없을 것 같은데 어떻게 용기를 얻을 수 있을까? 단순히 당신이 무엇을 위해 싸우고 있는지, 누구와 싸우고 있는지를 기억하라. 삶에는 싸울 가치가 있는 것들이 있고, 여러분의 매일의 경쟁이 무엇이든 간에, 그것은 하나님께는 상대가 되지 않는다! 하나님이 당신의 팀에 계시다는 것을 아는 것은 매일 힘으로 맞설 수 있는 용기를 줄 것이다! 그분은 바로 거기에 당신과 함께 계신다. 그분은 당신을 실망시키지 않으실 것이고, 당신을 떠나지 않으실 것이다. 당신이 맞서는 것이 무엇이든, 당신의 삶에서 어떤 도전이 다가오고 있을지 모르지만, 하나님은 당신에게 말씀하신다.

"내가 네게 명령한 것이 아니냐 강하고 담대하라 두려워하지 말며 놀라지 말라 네가 어디로 가든지 네 하나님 여호와가 너와 함께하느니라"(수 1:9).

Courage

When most of us think of courage, we think about acts of heroism on the field of battle, a fireman running into a burning building to rescue a small child from certain death, or a complete stranger diving into a flood-swollen stream to save an elderly woman just before her car is engulfed by the rising waters.

In truth, acts of courage are often more mundane and much less dramatic, but no less significant. An act of courage is when a dad wakes up at 5:00 a.m. every day to go to work at a job he may not enjoy. He may never receive any special recognition or be justly rewarded for his efforts, but he does it anyway to provide for his family. That's courageous.

Sometimes it takes courage to smile when you feel like crying or to be a source of encouragement for others when you are feeling discouraged yourself. It takes courage to let go of the past and forgive, and it takes courage to keep on keeping on when everything inside you says to give up.

So how do you gain courage when you don't think you can bear one more day? Simple-remember what you are fighting for and who you are fighting with. There are things in life worth fighting for, and re- gard- less of what your daily opposition is, it's no match for God! Knowing God is on your team will give you courage to face each day with strength! He's right there with you. He won't let you down and He won't ever leave you. Whatever you're facing, what- ever chal- lenge may be looming in your life, this is what God is saying to you: "This is my command-be strong and courageous! Do not be afraid or discour- aged. For the Lord your God is with you wherever you go" Joshua 1:9 (NLT).

◆ 기도

주여! 용기와 자신감의 불굴의 정신으로 이 세상 삶의 확실성에 맞설 수 있도록 도와주소서. 내가 믿는 것을 위해 싸우는 용기, 내 믿음에 흔들리지 않는 용기, 시대가 어려울 때 결코 그만두거나 굴복하지 않겠다는 결심을 하는 용기, 내가 당신을 통해 모든 것을 할 수 있다는 것을 계속 기억하도록 도와주소서. 비록 내가 때때로 약하거나 두려움을 느낄지라도, 나는 당신이 그렇지 않다는 것을 아나이다. 당신이 내 편이 되어 주신다면 나는 무엇이든 극복할 수 있나이다. 내 편에 계신 당신과 함께 나는 모든 것을 이겨낼 수 있나이다. 나는 당신과의 연합으로 힘을 얻나이다. 내 안에 있는 당신의 능력 그리고 나를 통해 어떤 문제에 맞서거나 어떤 어려움도 극복할 수 있는 완전한 자신감을 갖도록 도와주소서. 목적의 견고함과 강한 결심으로 어떤 상황에도 용감하게 맞설 수 있는 담대함을 주소서. 당신을 통해 나는 정복자이고 세상을 이기는 자이나이다.

◆ Prayer

Lord,

Help me to face the uncertainties of this life with an undaunted spirit of courage and confidence. Courage to fight for what I believe in; courage to be unshakeable in my faith; courage to have the determination never to quit or give in when times are tough.

Help me to continually remember that I can do all things through You. Even though I may feel weak or fearful at times, I know You are not. With You on my side I can over- come anything.

I draw my strength from my union with You. Help me have complete confidence in Your ability in me and through me to face any problem or overcome any difficulty. Grant me boldness that I may face any situa- tion with firmness of purpose and a strong re- solve. Through You I am more than a conqueror and a world overcomer.

"너희는 강하고 담대하라 두려워하지 말라 그들 앞에서 떨지 말라 이는 네 하나님 여호와 그가 너와 함께 가시며 결코 너를 떠나지 아니하시며 버리지 아니하실 것임이라."

-신 31:6

"내가 네게 명령한 것이 아니냐 강하고 담대하라 두려워하지 말며 놀라지 말라 네가 어디로 가든지 네 하나님 여호와가 너와 함께하느니라 하시니라."

-수 1:9

"그런즉 너희는 강하게 하라 너희의 손이 약하지 않게 하라 너희 행위에는 상급이 있음이라 하니라."

-대하 15:7

"깨어 믿음에 굳게 서서 용감하라 강하고 담대하라."

-고전 16:13(NIV)

◈ Scriptures

"Be strong and of a good courage, fear not, nor be afraid of them: for the Lord thy God, he it is that doth go with thee; he will not fail thee, nor forsake thee."

-DEUTERONOMY 31:6

"This is my command-be strong and courageous! Do not be afraid or discouraged. For the Lord your God is with you wherever you go."

-JOSHUA 1:9 (NLT)

"Be ye strong therefore, and let not your hands be weak: for your work shall be rewarded."

-2 CHRONICLES 15:7

"Be on your guard; stand firm in the faith; be courageous; be strong."

-1 CORINTHIANS 16:13 (NIV)

"잠잠하고 강하고 인내심을 가져라. 용기로 실패와 실망에 맞서라. 삶의 시련보다 우위에 서서 절망이나 자포자기에 굴복하지 말라."

-윌리엄 오슬러(Dr William Osler)

"Be calm and strong and patient. Meet failure and disappointment with courage. Rise superior to the trials of life and never give in to hopelessness or despair."

– DR WILLIAM OSLER

"위대한 믿음은 위대한 싸움의 산물이다. 위대한 증언은 큰 시험의 결과다. 위대한 승리는 큰 시련에서만이 나올 수 있다. 모든 장애물은 디딤돌이 되어야 하고 모든 방해는 기회가 되어야 한다."

- 스미스 위글스워스(Smith Wigglesworth)

"Great faith is the product of great fights, great testimonies are the outcome of great tests, great triumphs can only come out of great trials, every stumbling block must become a stepping stone- and every opposition must become an opportunity".

- SMITH WIGGLESWORTH

믿음

믿음이란 무엇인가? 간단히 말해서 믿음은 하나님을 믿는 것이다. 믿음은 당신이 볼 수 없는 것을 믿는 것이지만, 어쨌든 당신의 마음에 참이라는 것을 안다. 믿음은 하나님의 모든 축복의 문을 여는 열쇠다. 믿음은 하나님이 당신을 대신하여 움직이시도록 하는 것이다. 그것은 기적적인 일이 당신의 삶에서 나타날 수 있는 환경을 만들어 주는 촉매제다. 믿음은 하나님으로부터 어떤 것이든 받는데 있어서 필수적이다. 사실 성경은 우리에게 믿음이 없이는 하나님을 기쁘게 하는 것이 불가능하다고 말씀한다.

기도와 말씀을 통해 하나님을 개인적으로 아는 시간을 가질 때, 믿음은 당신의 마음속에서 살아날 것이다. 하나님의 약속의 말씀을 읽고 묵상하면 믿음은 점점 더 강해지고 강해질 것이다. 당신이 기도하고 그분의 말씀을 읽을 때, 당신은 하나님이 누구신지, 그분이 이미 당신을 위해 해 주신 일, 그리고 그분이 당신을 위해 해 주시겠다고 약속하신 일에 대한 지식을 넓히게 된다. 당신이 하나님과 더 친밀하게 될 때, 당신의 삶에서 중요한 역할을 하는 그분과 그분의 뜻에 대한 믿음을 갖는 것이 더 쉬워진다.

믿음은 그분이 하시겠다고 약속하신 것은 무엇이든지 성취하실 것이라는 확신을 준다. 때때로 믿음은 당신이 무엇을 해야 할지, 무슨 말을 해야 할지 모를 때에도 "나는 오로지 주님을 믿는다."라고 말하는 것이다. 그것은 "주님, 나는 주님의 나에 대한 사랑이 나의 의심, 나의 두려움, 그리고 나의 모든 결점보다 더 크십니다"는 것을 믿으며 그리고 어떻게든 그분은 길을 만드시리라고 말하는 것이다. 그것은 모든 기도 중에서 가장 간단한 것일 수도 있다. "도와주세요, 주님!" 그리고 그분이 그렇게 하실 것을 아는 것이다. 믿음은 당신이 하나님의 자녀라는 것을 아는 것이고, 그분의 소망은 당신이 행복하고, 축복받고, 평화롭게 되는 것이라는 것을 아는 것이다. 믿음은 당신이 할 수 없는 일을 하시도록 그분을 믿는 것이다.

Faith

What is faith? Simply put, faith is trusting God. It is believing in something you can't see but you know in your heart is true anyway. Faith is the key that opens the door to all of God's blessings. Faith is what activates God to move on your behalf. It is the catalyst that produces an environment for the miraculous to manifest in your life. Faith is essential to receiving anything from God. In fact, the Bible tells us that it's impossible to please God without it.

As you take time to get to know God personally through prayer and His Word, faith will come alive in your heart. When you read and meditate on God's promises, your faith will grow stronger and stronger. When you pray and read His Word, you expand your knowledge of who God is, what He has already done for you, and what He has promised He will do for you. As you get to know God more intimately, it becomes easier to have faith in Him and His willing- ness to play a major part in your life.

Faith gives us confidence that He will bring to pass whatever He has promised to do. Sometimes faith is just saying, "I trust you Lord," even when you don't know what to do or what to say. It's saying, "Lord, I trust that your love for me is greater than my doubts, my fears, and all my shortcomings," and that some- how He will make a way. It could be even the simplest of all prayers: "Help me, Lord!" knowing that He will. Faith is knowing that you are His child and that His desire is to see you happy, blessed, and at peace. It's trusting Him to do what you can't do.

◈ 기도

주여! 내 일상에서 당신에 대한 내 의식을 높여주시기를 요청하나이다. 나는 당신에 대한 나의 믿음이 당신과의 관계가 깊어질수록 커진다는 것을 아나이다. 그러니 내가 당신과 대화할 수 있도록 하루 중 시간을 내어 기도할 수 있도록 도와주시고, 당신이 나에게 하시는 말씀을 들을 수 있도록 도와주소서. 나는 내 삶의 모든 의무를 따라 당신을 더 신뢰하도록 도와주시기를 요청하나이다. 내가 어떤 상황에 처하든, 당신이 나와 항상 함께 계신다는 것을 기억하게 하시고 당신에 대한 내 믿음으로 나를 꿰뚫어 볼 수 있도록 도와주소서.

마지막으로, 주여, 나는 진심으로 내 삶의 모든 영역에서 당신을 전적으로 신뢰하는 법을 배우는 동안 당신의 인내심을 요청하나이다. 감사하나이다. 예수님의 이름으로 기도하나이다. 아멘.

◆ Prayer

Lord,

I ask that You would increase my aware- ness of You in my everyday life. I know that my faith in You grows as my relationship with You grows. So help me to take time out of my day to pray so I can talk to You, and help me to read Your Word so I can hear what You are saying to me.

I ask that You would help me trust You more fully with all my obligations in life. Help me remember that You are always with me so when things get tough, my faith in You will see me through whatever I face.

Finally, Lord, I sincerely ask for Your patience with me as I learn to trust You wholly in every area of my life. Thank You, Lord, in Jesus' name.

"그리스도 예수 안에서는 할례나 무 할례나 효력이 없으되 사랑으로써 역사하는 믿음뿐이니라."

-갈 5:6

"그러므로 믿음은 들음에서 나며 들음은 그리스도의 말씀으로 말미암았느니라."

-롬 10:17

"이는 우리가 믿음으로 행하고 보는 것으로 행하지 아니함이로라."

-고후 5:7

"무릇 하나님께로부터 난 자마다 세상을 이기느니라 세상을 이기는 승리는 이것이니 우리의 믿음이니라."

-요1서 5:4

◆ Scriptures

"For [if we are] in Christ Jesus, neither circumcision nor uncircumcision counts for anything, but only faith activated and ener- gized and expressed and working through love."

-GALATIANS 5:6 (AMP)

"So then faith cometh by hearing, and hearing by the word of God."

-ROMANS 10:17

"For we walk by faith, not by sight"

-2 CORINTHIANS 5:7

"For whatsoever is born of God over- cometh the world: and this is the victory that overcometh the world, even our faith."

-1 JOHN 5:4

"믿음은 바라는 것들의 실상이요 보이지 않는 것들의 증
거니라."

-히 11:1

"NOW FAITH is the assurance (the confirmation, the title deed) of the things [we] hope for, being the proof of things [we] do not see and the conviction of their reality [faith perceiving as real fact what is not revealed to the senses]."

- HEBREWS 11:1 (AMP)

"당신이 쥐고 있던 것들을 놓아주는 법을 배운다면 당신
의 삶은 어떻게 달라지겠는가?" 오래 전에 사라진 관계
에서부터, 오래된 원한, 후회, 그리고 할 수 있었던 모든
것, 그리고 해야 했었던 것까지... 바꿀 수 없는 과거의
부담에서 벗어나라."

- 세브 마라볼리(Seve Maraboli)

"How would your life be different if you learned to let go of things that have let go of you? From relationships long gone, to old grudges, to regrets, to all the could've' and should've,'⋯. Free yourself from the burden of a past you cannot change."

- DR. STEVE MARABOLI

걱정을 맡겨라

지금은 미친 시대다. 테러는 전 세계적으로, 심지어는 집에서도 항상 존재하는 위험이다. 경제는 끊임없이 유동적이고 국가 부채는 걷잡을 수 없다. 알려진 모든 항생제에 내성이 있는 에볼라와 슈퍼세균(항생 물질 등의 약에 내성이 강한 세균-역주)과 같은 새로운 질병 위협이 전례 없는 속도로 갑자기 나타나고 있다. 백악관에 누가 있든, 어떤 정당이 의회를 장악하든, 아무것도 하지 않는 것 같다. 우리는 또한 신분 도용이나 사이버 테러와 같은 색다른 적들에게 취약하다는 것을 알게 된다.

게다가 직장을 잃거나 이혼하거나 건강에 문제가 있는 등 일상생활에서 겪는 개인적인 어려움도 감당하기에는 너무 벅차다. 절망감에 압도당하는 것은 쉽다. 우리가 조심하지 않으면, 우리는 삶의 걱정이 우리를 구멍 속으로 기어 들어가 숨고 싶도록 만들 수 있다.

하지만 당신에게 좋은 소식이 있다. 이 전투에 당신 혼자 있는 것이 아니다! 예수님은 우리가 삶에서 무서운 것들을 보고 경험할 것이라고 말씀하셨지만, 무슨 일이 일어나더라도 우리를 돌봐주실 것이기 때문에 우리는 기운을 내고 걱정하지 말아야 한다고 말씀하셨다. 그분은 의인은 많은 고통을 겪을 것이라고 말씀하셨지만, 그분은 우리를 모든 고통으로부터 구해내실 것이라고 말씀하셨다. 성경은 우리의 모든 불안, 우리의 모든 걱정, 그리고 우리의 모든 염려를 맡기라고 말씀한다. 이는 그분이 우리를 돌보시고 우리가 이 세상의 삶의 문제로 무거운 짐을 지는 것을 원치 않으시기 때문이다. 예수님은 "수고하고 무거운 짐진 자들아 다 내게로 오라 내가 너희를 쉬게 하리라."고 말씀하셨다(마 11:28).

오늘, 예수님께 당신의 모든 염려를 맡기고 그분 안에서 쉬라!

Casting Your Cares

These are crazy times. Terrorism is an ever-present danger around the world and even right here at home. The economy is in a constant state of flux and the national debt is out of control. New disease threats like Ebola and superbugs that are resistant to all known antibiotics are popping up at an unprecedented rate. No matter who is in the White House, or what political party has control of Congress, nothing seems to get done. We also find ourselves vulnerable to unconventional enemies like identity theft and cyber-terrorism.

Add to that the personal challenges of everyday life such as job loss, divorce, or health problems, and it can all seem like too much to endure. It is easy to become over- whelmed by a sense of hopelessness. If we are not careful, we can let the cares of this life make us want to crawl into a hole and hide.

But I have some very good news for you. You are not in this battle alone! Jesus told us that in this life we would see and experience some scary stuff, but that we should be of good cheer and not worry because no matter what happens, He will take care of us. He said that the righteous would have many afflictions, but He would deliver us from them all. The Bible also tells us to cast the whole of our care on Him-all our anxieties, all our worries, and all our concerns, because He cares for us and doesn't want us to be burdened with the troubles of this life. Jesus said, "Come to Me, all you who labor and are heavy-laden and overburdened, and I will cause you to rest. [I will ease and relieve and refresh your souls]" Matthew 11:28 (AMP).

Today, give Jesus all your care and rest in Him.

◈ 기도

주여! 당신은 말씀에서 우리가 이 세상에서 여러 가지 문제를 겪게 될 것이지만, 당신은 그 모든 것들로부터 우리를 구해주실 것이라고 말씀하셨나이다. 나는 당신이 매일 나에게 이 약속을 상기시키셔서 내가 이 문제의 모든 무게를 나의 걱정의 짐으로 여기지 않게 해 주시기를 요청하나이다.

크든 작든, 당신이 나를 모든 걱정과 근심으로부터 자유롭게 하시길 원하신다는 것을 아나이다. 내 삶에서 일어나는 작은 일들에 대해 걱정하지 않고 당신을 더 의지할 수 있도록 도와주소서. 아무리 걱정해도 나 자신과 친구들, 가족들에게 도움이 되지 않는다는 내 처지의 진실을 나에게 상기시켜주소서. 오직 당신만이 나를 도우실 수 있나이다.

주여! 내가 이 세상에서 기쁨과 평화로 가득한 삶을 자유롭게 살 수 있도록 이 걱정을 맡아 주시기를 요청하나이다.

◈ Prayer

Lord,

You said in Your Word that although we would have various problems in this world, that You would deliver us from them all. I ask that You would remind me of this promise daily, so I would not take on all the weight of these problems as burdens in my thought life.

No matter the size, big or small, I know that You want me to be free from all care and worry. Help me grow more reliant on You, so I will not fret over the little stuff that happens in my life. Remind me of the truth of my situation-that no amount of worrying will help me, my friends, or my family. Only You can help.

Lord, I ask that You take these cares that I am carrying, so I may be free to live this life full of joy and peace.

"너희 염려를 다 주께 맡기라 이는 그가 너희를 돌보심이라."

-벧전 5:7

"네 짐을 여호와께 맡기라 그가 너를 붙드시고 의인의 요동함을 영원히 허락하지 아니하시리로다."

-시 55:22

"수고하고 무거운 짐 진 자들아 다 내게로 오라 내가 너희를 쉬게 하리라."

-마 11:28

◈ Scriptures

"Casting the whole of your care, all your anxieties, all your worries, all your concerns, once and for all on Him, for He cares for you affectionately and cares about you watchfully."

-1 PETER 5:7 (AMP)

"Come unto me, all ye that labour and are heavy laden, and I will give you rest."

-PSALMS 55:22 (NIV)

"Cast your cares on the LORD and he will sustain you; he will never let the right- eous be shaken."

-MATTHEW 11:28

주님은 당신을 돌보신다. 또한 당신의 문제도 알고 계신다. 그러니 하나하나를 주님께 쏟고 주님이 무엇을 하시나 지켜보라.

주님은 당신을 돌보신다. 당신의 머리카락 하나하나를 아시고 하나님이 항상 먹이신 그분의 작은 참새들도 모두 알고 계신다.

주님은 당신을 돌보신다. 불안이 당신의 가이드가 되지 않도록 주님 앞에 겸손하게 행동하라. 그분은 결코 당신 곁을 떠나지 않으실 것이다.

주님은 당신을 돌보신다. 당신은 그분이 항상 돌보신 들의 모든 백합화만큼 화려하지 않은가.

주님은 당신을 돌보신다. 또한 당신의 짐을 떠안으신다. 당신의 삶을 그분께 맡기라. 그리고 그분이 하실 수 있다는 것을 믿어라!

-데보라 앤 벨카(Deborah Ann Belka)

He cares for you,

and knows your troubles too so cast each one

upon Him and watch what He will do.

He cares for you,

knows each hair on your head and all of His

little sparrows God has always fed.

He cares for you,

let not anxiety be your guide humble yourself

before Him and He'll never leave your side.

He cares for you,

are you not just as splendid as all the lilies in the

field

to which He has always tended.

He cares for you,

and carries your burdens too so, submit your life

to Him and trust in what He can do!

- DEBORAH ANN BELKA

"나쁜 일은 일어난다. 내가 그 일에 어떻게 반응하는지는 내 성격과 삶의 질을 정의한다. 나는 내 상실의 무게에 꼼짝하지 않고 영원히 슬픔 속에 앉아 있거나, 나는 고통에서 벗어나 내가 가진 가장 소중한 선물 즉 삶 자체를 소중히 여기기로 하는 선택을 할 수 있다."

- 월터 앤더슨(Walter Anderson)

"Bad things do happen: how I respond to them defines my character and the quality of my life. I can choose to sit in perpetual sadness, immobilized by the gravity of my loss, or I can choose to rise from the pain and treasure the most precious gift I have-life itself."

- WALTER ANDERSON

위기에 맞서라

크든 작든 위기는 우리의 삶에서 정상이라는 것을 깨닫는 것이 중요하다. 위기는 당신의 아이가 점심이나 배낭을 잊어버리고 바쁜 날에 예기치 않은 학교 여행을 해야 하는 것과 같은 일이거나, 고속도로에서 타이어가 펑크가 났거나, 직장에서 프레젠테이션 도중 노트북이 고장 나는 등 일상적인 일이 될 수 있다. 아니면 직장을 잃거나, 큰 병을 앓거나, 이혼을 하거나, 사랑하는 사람의 죽음처럼 더 중요한 일이 될 수도 있다. 크든 작든 위기는 정기적으로 불쑥 나타나는 것 같다. 문제가 없는 삶은 없다. 그러나 우리가 위기에 처했을 때, 우리는 종종 왜 그런지 계속 자문한다. 그러나 자기 분석, 불평, 좌절이 우리의 환경을 변화시키지는 못할 것이다. 위기의 순간에는 "지금 내가 무엇을 해야 하는가?"라는 것이 가장 좋은 질문이다.

정답은 대답이 없다는 물음으로 당신의 마음을 채우는 것이 아니라 오히려 하나님과 그분의 말씀에 눈을 돌리는 것이다. 당신의 감정을 거두어들이고 잠잠히 하나님만 믿으라. 그분과 함께라면 모든 것이 가능하다. 당신의 하나님보다 더 큰 위기는 없다. 그분은 당신을 대신해서 움직이실 준비가 되어 있으시고 어떤 상황에서도 도움을 주실 수 있다. 당신이 기도하고 그분의 말씀을 묵상할 때, 그분은 당신의 상황에 대한 평화, 명료한 생각과 통찰력을 주실 것이다. 당신이 믿음으로 그분을 바라볼 때, 그분은 당신에게 당신이 직면하고 있는 어떤 위기상황에서도 당신이 빠져나가는 방법에 관한 지침, 지혜, 그리고 방향을 알려주실 것이다.

하나님은 우리에게 견딜 수 있는 힘과 인내와 우리 삶의 어떤 위기도 극복할 수 있는 능력을 주실 것을 약속하셨다. 우리가 우리의 신뢰와 확신을 그분께 둔다면 그분은 우리를 항상 끝까지 도우실 것이다.

Facing a Crisis

Big or small, it is important to realize that crisis is normal to life. It could be as routine as your child forgetting their lunch or backpack and having to make an unex- pected trip to school during a busy day, a flat tire on the highway, or your laptop crashing during a presentation at work. Or it could be something more significant like losing your job, a major illness, a divorce, or the death of a loved one. Large or small, they seem to pop up on a regular basis. There is no such thing as a trouble-free life. When we find ourselves in a crisis, we often keep asking ourselves why. But no amount of soul- searching, complaining, or frustration will change our circumstances. In moments of crisis, the best question to ask is, "What do I need to do now?"

The answer is not to fill your mind with questions that have no answer, but rather look to God and His Word. Gather your emotions, keep calm, and trust God. With Him, all things are possible. No crisis is bigger than your God. He is ready and able to move on your behalf and bring deliverance to any situation. As you pray and meditate on His Word, He will provide peace, clarity of thought, and insight concerning your situa- tion. As you look to Him in faith, He will give you guidance, wisdom, and direction on how to navigate your way through whatever crisis you might be facing.

God has promised that He will give us strength and patience to endure and the power to overcome any crisis in our lives. If we put our trust and confidence in Him, then He will always see us through.

◈ 기도

주여! 나는 위기가 삶의 정상적인 부분이라는 것을 알고 있나이다. 성경은 "의인은 고난이 많으나 여호와께서 그의 모든 고난에서 건지신다"(시 34:19)고 말씀하나이다. 주여! 구해 주셔서 감사하나이다. 내 삶의 어려움에 직면했을 때 내가 인내하고 신뢰하도록 도와주소서. 내가 위기 상황에 처해 있는 것을 발견했을 때 두려워하거나, 불안해하거나, 압도되지 않도록 도와주소서. 혼란, 걱정, 절망에 반응하지 않도록 도와주소서. 내가 어떤 상황에 처하더라도 현명한 자세와 즐거운 마음을 유지하는 방법을 보여주소서. 당신이 나를 포기하지 않고 끝까지 돌보신다는 것을 알고 나의 마음을 당신께 계속 고정시키도록 도와주소서. 내가 해야 할 결정이나 내가 취해야 할 행동에 대해 지혜와 통찰력을 주소서.

포기하거나 굴복하지 않고 이 위기가 해결될 때까지 계속 당신을 신뢰하도록 용기, 힘, 인내를 주신 것을 감사하나이다.

◈ Prayer

Lord,

I realize that crisis is a normal part of life. The Bible says that "many are the afflic- tions of the righteous, but the Lord delivers him out of them all." Thank You, Lord, for Your deliverance.

Help me to be patient and trusting when I face dif- ficulties in my life. Help me to not become fearful, anxious, or overwhelmed when I find myself in a cri- sis situation. Help me not to react in confusion, wor- ry, or desperation. Show me how to keep a good atti- tude and a cheerful heart no matter what I am facing. Help me to keep my mind fixed on You-knowing that You will see me through. Give me wisdom and insight concerning any decisions I need to make or actions I need to take.

Thank You for giving me courage, strength, and fortitude to not give up or give in, but to keep trusting You until this crisis is resolved.

"의인이 부르짖으매 여호와께서 들으시고 그들의 모든 환난에서 건지셨도다 여호와는 마음이 상한 자를 가까이 하시고 충심으로 통회하는 자를 구원하시는도다 의인은 고난이 많으나 여호와께서 그의 모든 고난에서 건지시는도다."

-시 34:17~19

"내가 궁핍하므로 말하는 것이 아니니라 어떠한 형편에든지 나는 자족하기를 배웠노니 나는 비천에 처할 줄도 알고 풍부에 처할 줄도 알아 모든 일 곧 배부름과 배고픔과 풍부와 궁핍에도 처할 줄 아는 일체의 비결을 배웠노라 내게 능력 주시는 자 안에서 내가 모든 것을 할 수 있느니라."

-빌 4:11~13

◈ Scriptures

"Is anyone crying for help? GOD is listening, ready to rescue you.

If your heart is broken, you'll find GOD right there; if you're kicked in the gut, he'll help you catch your breath.

Disciples so often get into trouble; still, GOD is there every time."

- PSALM 34:17-19 (MSG)

"..I have learned in any and all circum- stances the se-cret of facing every situation, whether well-fed or go-ing hungry, having a sufficiency and enough to spare or going without and being in want. I have strength for all things in Christ Who empowers me [I am ready for anything and equal to anything through Him Who infuses inner strength into me; I am self-sufficient in Christ's sufficiency]."

- PHILIPPIANS 4:12B-13 (AMP)

중국어로 '위기'라는 단어는 두 개의 문자로 구성되어 있다. 하나는 위험을 나타내고 다른 하나는 기회를 나타낸다.

危(위험)　機(기회)

When written in Chinese,

the word 'crisis' is composed of two characters.

One represents danger and the other represents

opportunity.

危(Danger)　機(Opportunity)

"기운을 내라. 오늘의 실패를 생각하지 말고 내일의 성 공을 생각하라. 당신이 스스로 어려운 일을 정해 놓았지 만, 인내하면 성공할 것이다. 당신은 장애물을 극복하는 데서 기쁨을 찾을 수 있을 것이다. 기억하라, 우리가 더 나은 것을 얻기 위해 하는 어떠한 노력도 낭비되지 않는 다는 것을."

-헬렌 켈러(Helen Keller)

"Be of good cheer, do not think of today's failures, but of the success that may come tomorrow. You have set yourselves a difficult task but you will succeed if you persevere; and you will find joy in overcoming obstacles. Remember, no effort that we make to attain something better is ever wasted"

– HELEN KELLER

밀고 나아가라

끈기에 대해 할 말이 많다. 포기를 거부하는 대담한 소수의 사람들, 상황이 어려워져도 중단하기를 거부하는 사람들, 대담한 사람들은 종종 일이 잘 풀리는 것처럼 보인다. 당신이 어떤 일을 겪든, 당신의 삶에서 어떤 도전을 하든, 용기를 내라. 밀고 나가라! 매번 승리하는 것은 끈기다.

물론, 힘들고 단조로운 삶이 당신을 지치게 할 수 있다. 차질이나 예기치 못한 지연, 장애물은 목표와 꿈을 추구하는 우리를 지치게 만들 수 있지만 그렇다고 그것이 포기할 이유는 아니다. 너무 많은 사람들이 돌파구를 찾기 직전에 그만 둔다! 당신의 등이 벽에 기대어 빠져나갈 길이 보이지 않는다고 느끼더라도 그만두기에는 항상 너무 이르다. 지금은 한탄하고 불평하고 낙담할 때가 아니다. 지금은 당신의 입장을 고수하고 상황이 당신을 패배시키지 않게 하겠다고 결심할 때이다.

나는 감히 당신이 희생자로 삶을 사는 것을 거부하고 오히

려 승리자로 삶을 살기를 바란다. 감히 계속 밀어붙여라! 당신은 자신의 힘으로가 아니라 하나님의 도우심으로 이겨낼 수 있다. 매일 자신에게 말하라.

"내게 능력 주시는 자 안에서 나는 모든 것을 할 수 있다"(빌 4:13). "하나님이 나를 위하시면 누가 나를 대적하리요"(롬 8:31). 자신에게 말하라. "이 모든 일에 우리를 사랑하시는 이로 말미암아 우리가 넉넉히 이기느니라"(롬 8:37). "항상 우리는 그리스도 안에서 이기게 하시는 하나님께 감사하노라"(고후 2:14).

당신이 당신의 삶에서 그분의 말씀을 묵상할 때, 당신은 그분의 힘이 당신 안에서 솟아오르는 것을 느낄 것이다. 그분은 가장 어려운 상황에서도 추진할 수 있는 힘과 용기를 주실 것이다.

Press On

There is a lot to be said for persistence. Things often seem to work out for those daring few who refuse to give up-who refuse to quit when things get rough. Whatever you are going through, whatever challenges are in your life, be encouraged. Press on! Many times, it's persistence that wins the day.

Sure, the drudgery of life can wear you down. Setbacks, unforeseen delays, or obstacles can cause us to grow weary in the pursuit of goals and dreams, but that is no reason to give up. Too many people quit right before the breakthrough would have come! It's always too soon to quit, even if you feel like your back is against the wall and you can't see a way out. That's not the time to whine and complain and get discouraged; it's the time to stand your ground and be determined that you are not going to let the circumstances of life defeat you.

I dare you to refuse to go through life as a victim, but rather a victor. I dare you to press on! You can overcome-not in your own strength, but with God's help. Say to yourself every day, "I can do all things through Christ who strengthens me" and "If God be for me, then no one can be against me." Tell yourself, "I am more than a conqueror through Christ Jesus" and "Thanks be unto God who always causes me to triumph in Christ." As you speak His Word over your life, you will feel His strength rise up in you. He will give you the strength and courage to press on even in the most difficult of situations.

◆ 기도

    내가 계속 밀어붙이고 인내하도록 도와주소서. 모든 것이 나에게 불리해 보일 때, 당신이 항상 나와 함께 계신다는 것이 생각나게 하소서. 내 삶의 상황이 내가 감당하기에는 너무 벅차다고 느껴질 때, 내가 그들을 혼자 처리하고 있는 것이 아니라는 것을 상기시켜 주소서. 계속 나아가려는 나의 집념을 서서히 잠식해버리는 하루하루의 고된 일이라면, 내가 누구를 위해 그것을 하고 있는지 내게 상기시켜 주소서. 청구서에 압도되고 내 에너지가 거의 소멸된 것처럼 보일 때, 당신이 나의 근원이시고 당신은 결코 고갈되지 않으신다는 것을 상기시켜 주소서. 이 세상의 삶이 내게 무엇을 던지든, 누가 나를 의심하든, 내가 어디에서 어떤 상태에 있든, 나는 당신이 나의 하나님이시고 당신은 나를 다른 편으로 끝까지 도와주실 것을 아나이다.

◈ Prayer

Lord,

Please help me to press on and perse- vere. When it seems everything is stacked against me, remind me that You are always with me. When it feels as though the situa- tions in my life are too much for me to handle, remind me that I'm not handling them alone.

When it's the day-to-day grind that has slowly eroded away my tenacity to keep going, remind me who I'm doing it for. When the bills seem to over- whelm and my energy seems to have all but evaporat- ed, remind me that You are my source and You never run dry.

No matter what this life throws at me, no matter who doubts me, no matter where I find myself, I know that You are my God and You will see me through to the other side!

"우리가 선을 행하되 낙심하지 말지니 포기하지 아니하면 때가 이르매 거두리라."

-갈 6:9

"하나님은 우리의 피난처시요 힘이시니 환난 중에 만날 큰 도움이시라."

-시 46:1

"이 모든 일에 우리를 사랑하시는 이로 말미암아 우리가 넉넉히 이기느니라."

-롬 8:37

"내게 능력 주시는 자 안에서 내가 모든 것을 할 수 있느니라."

-빌 4:13

"그런즉 이 일에 대하여 우리가 무슨 말 하리요 만일 하나님이 우리를 위하시면 누가 우리를 대적하리요."

-롬 8:31

◈ Scriptures

"And let us not grow weary of doing good, for in due season we will reap, if we do not give up."

-GALATIANS 6:9 (ESV)

"God is our refuge and strength, a very present help in trouble."

-PSALMS 46:1

"But in all these things we overwhelm- ingly conquer through Him who loved us."

-ROMANS 8:37 (NASB)

"I can do all things through Christ which strength-eneth me."

-PHILIPPIANS 4:13

"What shall we then say to these things? If God be for us, who can be against us?"

-ROMANS 8:31

헨리 포드(Henry Ford) - 성공하기 전에 다섯 번이나 실패했고 파산했다. 그러나 결코 중단하지 않았다!

R. H. 메이시(R. H. Macy) - 뉴욕에 있는 그의 가게가 인기를 얻기 전 7번이나 실패했다. 그러나 그는 결코 중단하지 않았다!

월트 디즈니(Walt Disney) - 그는 상상력이 부족하고 좋은 아이디어가 없었기 때문에 신문 편집자에 의해 해고되었다. 그러나 그는 절대 그만두지 않았다! 그는 파산했고 디즈니가 발전하기 전에 몇 번의 실패를 겪었다. 그러나 그는 결코 중단하지 않았다!

마이클 조던(Michael Jordan) - 마이클 조던은 고등학교 농구팀에서 제외되었다. 그는 결코 중단하지 않았다!

토머스 에디슨(Thomas Edison) - 그는 전구를 만들

려고 시도하다가 만 번이나 실패했다. 나중에 그의 실패에 대한 질문을 받았을 때, 그는 "나는 결코 실패하지 않았다, 나는 그것이 작동하지 않는 만 가지 방법을 발견했을 뿐이다."라고 말했다. 그는 결코 중단하지 않았다!

밀턴 허쉬(Milton Hershey) - 그는 자신의 돈을 다 잃고 사탕 회사를 창업하려는 처음 두 번의 시도에서 실패했다. 그러나 그는 결코 중단하지 않았다.

상황이 어려워질 때 계속 밀어붙여서 당신의 상속을 결코 멈추지 않은 사람들처럼 하라.

Henry Ford - failed and went broke five times before he succeeded. Never Quit

R. H. Macy - failed 7 times before his store in New York City caught on. He Never Quit!

Walt Disney - was fired by a newspaper editor because "he lacked imagination and had no good ideas." He went bankrupt and had several failures before Disney took off.-he didn't quit .

Michael Jordan - was cut from his high school basketball team. He never quit!

Thomas Edison - failed 10,000 times in his attempt to create the light bulb. When questioned later about his failed attempts, he said "I never failed, I just found 10,000 ways it wouldn't work"-

he never quit

Milton Hershey - failed at his first two attempts to start a candy company losing all his money. He didn't quit

Press on when the going gets tough and let your legacy be like those who never quit .

"우리는 불쾌감을 느끼지 않을 만큼 아량이 넓어야 하고
불쾌감을 주지 않을 만큼 고귀해야 한다."

- 에이브러햄 링컨(Abraham Lincoln)

"We should be too big to take offense and too noble to give it."

- ABRAHAM LINCOLN

노여워하지 말라

공격은 눈에 띄지 않게 당신의 삶에 침투할 수 있는 미묘한 적이다. 그것은 예의범절을 모르는 운전자, 무례한 동료, 또는 남의 기분을 모르는 상사를 통해서 올 수 있다. 당신은 그들이 진심이 아니라는 것을 알지만 어쩌면 가족이나 가까운 친구가 발끈하여 무언가를 말했을지도 모른다. 어쨌든 그것은 여전히 불쾌하게 한다.

우리 모두는 매일 불쾌감을 느낄 수 있는 많은 기회가 있다. 우리가 조심하지 않는다면, 그것은 곧 모든 생각을 집어 삼키고 쓰라리게 할 수 있다. 첫 번째 당신의 반응은 대개 상처와 분노의 조합이다. 그런 다음 자신에게 행해진 일에 대한 응보를 원한다. 당신은 당신에게 끼어든 차가 경찰관에게 끌려가는 것을 보거나, 당신의 상사가 그의 상사에게 씹히는 것을 당신의 마음속에 상상할 수도 있다. 당신은 이런 일이 일어난다면 기분이 나아질 거라고 생각할 수도 있지만, 사실은 그렇지 않을 것이다.

이런 감정을 느끼는 것은 당연하지만, 나는 당신이 그것을 인식하는 즉시 이런 사고방식을 그만두기를 권고한다. 당신이 추구하는 "응보"는 당신이 찾고 있는 만족감을 주지 못할 것이다. 응보가 다른 사람의 행동이 당신의 생각을 지배하게 하거나 당신의 기쁨을 빼앗아가지 않도록 하라. 당신이 불쾌감을 느끼지 않도록 스스로를 보호할 방법이 있다. 그것은 하나님처럼 누군가가 당신에게 죄를 지었을 때 용서하고 잊어버리는 것이다. 하나님은 당신을 위해 최선의 것을 원하시고, 그분은 당신이 당신에게 행한 일을 곱씹을 때 당신은 그분이 당신을 위해 행하신 일에 대해서 생각하지 않는다는 것을 알고 계신다. 당신이 남의 죄에 대해 용서하고 되씹지 않기로 결심하면, 문제를 초월해서 하나님이 당신의 얼굴에 미소로 그분의 평화를 유지하도록 허락하실 것이다.

Be Not Offended

Offense is a subtle enemy that can creep into your life unnoticed. It can come by way of an inconsiderate driver, a rude co-worker, or an insensitive boss. Maybe a family member or a close friend said something in the heat of the moment that you know they didn't mean, but it still hurt anyway.

We all have plenty of opportunities to get offended on a daily basis and if we aren't careful, it can soon engulf every thought and grow into bitterness. Your first reaction is usually a combination of being hurt and angry. Then you want justice for what was done to you. You may even picture it in your mind, seeing the car that cut you off being pulled over by a police officer or imagining your boss being chewed out by his boss. You may think that if these things were to happen, you would feel better-but the truth is you wouldn't.

It's natural to feel these things, but I encourage you to cut off this way of thinking as soon as you recognize it. The "justice" you seek will not give you the satisfaction you are looking for. Don't let someone else's actions dominate your thoughts and rob you of your joy.

There is a way to guard yourself from being offended. It's to be like God-to forgive and forget when someone sins against you. God wants the best for you, and He knows that when you are dwelling on what has been done to you, you are not thinking about what He did for you. When you choose to forgive and not dwell on others' offenses, you will rise above and allow God to keep you in His peace with a smile on your face.

◈ 기도

주여! 나는 당신이 사람들을 보는 것처럼 볼 수 있는 능력을 나에게 부여해 주시기를 요청하나이다. 당신은 당신에 대한 나의 많은 범죄에 관계없이 무조건 나를 사랑하시나이다. 내 주위의 모든 사람들에게 같은 사랑을 보여줄 수 있도록 당신의 사랑에 의존하도록 도와주소서.

주여! 나는 당신이 나에게 침착함을 유지하게 해주셔서, 공격의 기회가 올 때마다 내 감정을 통제하도록 도와주실 것을 요청하나이다. 사람들이 나에게 무례할 때 멈추고 당신이 나의 근원이시라는 사실을 기억하고 깨닫도록 도와주소서. 내가 마음속에 품고 있는 쓰라림이나 원한을 없애주시길 요청하나이다.

나는 그것이 나를 아프게 할 뿐이라는 것을 알고 있나이다. 용서할 수 있는 힘을 주소서. 주여! 내가 자유롭게 삶을 즐길 수 있도록 도와주신 것에 대해 감사하나이다.

◆ Prayer

Lord,

I ask that You would grant me the ability to see people the way You see them. You love me so unconditionally, regardless of my many offenses against You. Help me to draw on that love so I can show that same love to all those around me.

I ask that You would help me stay calm and in control of my emotions any time an opportunity for offense may come my way. Help me remember to take a breath when people are rude to me, and realize that You are my source. I ask that You remove any bitterness or grudges that I am holding onto in my heart. I know it only hurts me, so please give me the strength to forgive and the peace to forget. Thank You, Lord, for helping me be free to enjoy life.

◈ 성경

"허물을 덮어 주는 자는 사랑을 구하는 자요 그것을 거듭 말하는 자는 친한 벗을 이간하는 자니라."

-잠 17:9

"내 사랑하는 형제들아 너희가 알지니 사람마다 듣기는 속히 하고 말하기는 더디 하며 성내기도 더디 하라."

-약 1:19

"무엇보다도 뜨겁게 서로 사랑할지니 사랑은 허다한 죄를 덮느니라."

-벧전 4:8

"노하기를 더디 하는 것이 사람의 슬기요 허물을 용서하는 것이 자기의 영광이니라."

-잠 19:11

"누구든지 나로 말미암아 실족하지 아니하는 자는 복이 있도다."

-눅 7:23

◆ Scriptures

"The one who forgives an offense seeks love, but who-ever repeats a matter separates close friends."

- PROVERBS 17:9 (NET)

"Understand [this], my beloved brethren. Let every man be quick to hear [a ready listener], slow to speak, slow to take offense and to get angry."

- JAMES 1:19 (AMP)

"Above all things have intense and unfailing love for one another, for love covers a multitude of sins [for-gives and disregards the offenses of others]."

- 1 PETER 4:8 (AMP)

"Good sense makes one slow to anger, and it is his glory to overlook an offense."

-PROVERBS 19:11 (ESV)

"And blessed is the one who is not offended by me."

- LUKE 7:23 (ESV)

"나는 나를 자유로 이끄는 문을 향해 걸어 나갈 때 나는 내가 쓰라림과 증오를 뒤에 남겨두지 않는다면 나는 여전히 감옥에 있을 것이라는 것을 알았다."

- 넬슨 만델라(Nelson Mandela)

(불법 수감된 27년 후)

"As I walked out the door toward the gate that would lead to my freedom I knew if I didn't leave my bitterness and hatred behind I would still be in prison."

- NELSON MANDELA

(AFTER 27 YEARS OF WRONGFUL IMPRISON-

MENT)

"용서하는 것은 죄수를 자유롭게 하고 죄수가 당신이라
는 것을 발견하는 것이다."

– 루이스 B. 스메데스(Lewis B. Smedes)

"To forgive is to set a prisoner free and discover the prisoner was you."

– LEWIS B. SMEDES

용서

　　용서는 그리스도인의 경험의 토대이다. 예수님은 그분을 믿고 그분을 주님으로 받아들이는 모든 사람들에게 명백한 용서를 베풀어 주신다. 당신이 무슨 짓을 했든, 당신의 소행이나 행동이 아무리 수치스럽더라도, 예수님은 지금 당신에게 다가가셔서 "나는 너를 용서하고 너를 사랑한다."라고 말씀하신다. 그것은 기독교의 최고이자 가장 큰 기적이다. 우리의 제한되어 있는 마음은 주님의 용서의 경이와 범위와 유익을 거의 파악할 수 없다. 당신은 그것을 얻을 수 없다. 당신은 그럴 자격이 없다. 이제 당신 차례다. 성경은 그리스도께서 우리를 용서하신 것처럼, 다른 사람들을 용서해야 한다고 말씀한다. 어쩌면 당신은 누군가에게 용서를 베풀지 않는 마음을 품고 있는 건지도 모른다. 그것은 가까운 친구의 배신, 실패한 결혼, 또는 승진을 위해 충분한 자격이 있는 당신을 무시한 상사 때문일 수 있다. 아마도 그것은 당신이 어렸을 때 가까운 가족에 의한 신체적, 언어적, 성적 학대와 같은 더 심각한 폭행의 결과일 것이다. 어쩌면 당신은 심각한 범죄의 피해자일 것이다.

어떤 경우든 하나님의 도움으로 용서의 선물을 전하고, 당신에게 상처를 준 사람들을 진정으로 용서하는 자유를 경험할 수 있다. 하나님은 다른 사람의 행동 때문에 당신의 삶에 스며든 고통, 절망, 증오를 지울 수 있으시고 지우실 것이다.

그리고 이제 가장 힘든 자신을 용서해야 한다는 것이다. 어쩌면 매일 당신을 괴롭히고 후회의 감옥에 갇혀 있게 하는 것은 당신 자신의 행동일지도 모른다. 하나님은 당신을 용서하시고, 이제 당신은 당신 자신을 용서하고 하나님이 당신에게 예정하신 밝고 멋진 미래로 나아가야 한다.

하나님은 당신의 삶의 모든 영역에서 용서의 아름다움을 경험하기를 원하신다.

Forgiveness

Forgiveness is the cornerstone of the Christian experience. Jesus offers unequiv- ocal forgiveness to everyone who believes in Him and receives Him as Lord. No matter what you have done, no matter how disgraceful your deeds or actions, Jesus is reaching out to you right now and is saying, "I forgive you and I love you." It's the first and greatest miracle of Christianity. Our finite mind can hardly grasp the wonder, scope, and beauty of the Lord's forgiveness. You can't earn it; you don't deserve it. It's God's gift to you.

Now it's your turn. The Bible says we should forgive others just like Christ has forgiven us. Maybe you are harboring unfor- giveness in your heart towards someone. It may be because of the betrayal of a close friend, a failed marriage, or a boss that passed you over for a well-deserved promo- tion. Maybe it's the result of a more serious violation like physical, verbal, or sexual abuse by a close family member when you were a child; or maybe you were the victim of a se- rious crime. Whatever the case, with God's help you can pass on the gift of forgiveness and experience the freedom that comes through truly forgiving those who have hurt you. God can and will erase the pain, de- spair, and hatred that has infiltrated your life because of someone else's actions.

And now the toughest of all-you need to forgive yourself. Maybe it's your own actions that eat away at you daily, keeping you trapped in a prison of re- gret. God forgives you, and now you need to forgive yourself and move into the bright and wonderful fu- ture that God has destined for you. God wants you to experience the beauty of forgiveness in every area of your life.

◈ 기도

주여! 당신의 용서와 무조건적인 사랑의 놀라운 선물에 감사하나이다. 내가 너무 많은 것을 용서받았으니, 다른 사람을 빨리 용서할 수 있도록 도와주소서. 나는 어떤 식으로든 나에게 고통을 준 한 사람들을 위해 기도하나이다. 나는 그들이 행한 일에 대해 그들을 용서하나이다. 나는 그들을 미워하지도, 경멸하지도, 그들이 나에 대한 그들의 행동에 대한 보복을 당하기를 바라지도 않겠나이다.

뿐만 아니라 그들을 용서해 달라고 요청하나이다. 나는 당신이 그들에게 손을 내밀어 당신의 애정 어린 호의를 그들에게 베풀어 주시도록 기도하나이다. 나는 그들을 풀어 주나이다. 나는 다른 사람들과 그들의 인격을 험담하거나 비웃거나 비방하지 않겠나이다.

주여, 나의 실패와 실수, 단점에 대해서 자신을 용서하도록 도와주소서. 당신의 용서를 받아들이도록 도와주시고, 그래서 저는 과거를 뒤로하고 죄의식과 비난 없이 앞으로 나아가고, 당신이 나를 위해서 가지고 계시는 당신의 뜻을 성취할 수 있도록 도와주소서.

◈ Prayer

Lord,

Thank You for the awesome gift of Your forgiveness and unconditional love. Since I have been forgiven of so much, help me to be quick to forgive others. I pray for those who have hurt me in any way. I forgive them for anything they have done. I will not hate them, despise them, or desire that they suffer retribution for their actions against me.

I ask You to forgive them as well. I pray that You reach out to them and minister Your loving kindness to them. I release them. I will not gossip, ridicule, or slander their char- acter with others.

Lord, help me to forgive myself for my failures, mistakes, and shortcomings. Help me to receive Your forgiveness so I can put the past behind me and go forward without guilt and condemnation and fulfill the destiny You have for me.

◈ 성경

"이는 우리 마음이 혹 우리를 책망할 일이 있어도 하나님은 우리 마음보다 크시고 모든 것을 아시기 때문이라 사랑하는 자들아 만일 우리 마음이 우리를 책망할 것이 없으면 하나님 앞에서 담대함을 얻느니라."

-요일 3:20-21

"우리를 거스르고 불리하게 하는 법조문으로 쓴 증서를 지우시고 제하여 버리사 십자가에 못 박으셨느니라."

-골 2:14

"서로 친절하게 하며 불쌍히 여기며 서로 용서하기를 하나님이 그리스도 안에서 너희를 용서하심과 같이 하라."

-엡 4:32

◈ Scriptures

"Even if we feel guilty, God is greater than our feelings, and he knows everything. Dear friends, if we don't feel guilty, we can come to God with bold confidence."

-1 JOHN 3:20-21 (NLT)

"He canceled the record of the charges against us and took it away by nailing it to the cross."

-COLOSSIANS 2:14 (NLT)

"And be ye kind one to another, tender- hearted, forgiving one another, even as God for Christ's sake hath forgiven you."

-EPHESIANS 4:32

"오! 주여, 선의의 사람뿐만 아니라 악의의 사람들도 기억하소서. 그러나 그들이 우리에게 가한 모든 고통을 기억하지 마소서. 대신 이 고통 때문에 우리가 낳은 열매를 기억하소서. 우리의 교제, 서로에 대한 우리의 충성심, 우리의 겸손, 우리의 용기, 우리의 너그러움, 그리고 이 어려움에서 자라난 마음의 관대함. 박해자들이 당신의 심판을 받게 되면, 우리가 맺은 모든 열매들이 그들의 용서가 되도록 하소서."

- 라벤스브뤼크(Ravensbruck)의 강제 수용소에서 죽은 아이의 옷에서 발견됨

"O Lord, remember not only the men and woman of good will, but also those of ill will. But do not remember all of the suffering they have inflicted upon us, Instead remember the fruits we have borne because of this suffering-our fellowship, our loyalty to one another, our humility, our courage, our generosity, the greatness of heart that has grown from this trouble.

When our persecutors come to be judged by you, let all of these fruits that we have borne be their forgiveness."

- (FOUND IN THE CLOTHING OF A DEAD CHILD AT
RAVENSBRUCK CONCENTRATION CAMP.)

"기쁨은 하나님의 임재의 의심할 여지 없는 징조다."

- 페레 틸하드 데 차딘
(Pierre Telhard De Chardin)

"Joy is the infallible sign of the presence of God"

- PIERRE TEILHARD DE CHARDIN

기쁨

우리는 모두 즐겁고 행복한 사람과 함께 있는 것을 좋아한다. 우리는 종종 "기쁨"과 "행복"이라는 말을 서로 바꾸어 사용하지만, 실제로는 상당한 차이가 있다.

행복은 우리 주위의 산물이지만, 반면에 기쁨은 내면에서 나온다. 행복은 우리에게 일어나는 일의 결과다. 기쁨은 우리 안에서 일어나는 일의 결과다. 진정한 기쁨은 하나님과의 교제에서 나오는 내적인 힘이다. 하나님은 우리가 그분과 함께 있을 때 기쁨이 충만하며, 그분의 기쁨이 우리에게 힘의 원천이라고 말씀하신다. 이 기쁨은 역경에도 흔들리지 않는다. 그분의 기쁨은 삶의 폭풍 속에서 우리를 지탱해 줄 안정된 힘이다. 그분의 기쁨은 당신의 얼굴에 미소와 당신의 가슴에 노래로 어떤 상황에도 맞설 수 있는 힘과 용기를 줄 것이다. 하나님은 그분이 우리를 돌보실 것이라는 것을 알고 이 삶의 시련에 직면할 때 기뻐하라고 말씀하신다.

우리는 모든 날이 그분의 선물이라는 것을 알고 매일 즐거워하고 기뻐해야 한다. 우리가 감사와 찬양의 삶을 사는 것이 우선이라면, 그분의 기쁨이 우리의 마음을 채울 것이다. 당신이 주님과 시간을 보내고, 당신을 향하신 하나님의 사랑에 대한 완전한 믿음과 신뢰를 두게 되면, 그분의 기쁨은 당신의 삶에 접목될 것이다. 그분의 기쁨이 당신의 기쁨이 될 것이다. 그런 다음 문제가 생기거나 어려운 상황이 불쑥 나타나면, 당신은 당신을 지지하고 지탱해 줄 흔들 수 없는 기쁨으로 그들을 마주할 수 있다. 오늘 주님의 기쁨이 당신의 마음을 다스리도록 결정하라!

Joy

We all like to be around a joyful or happy person. Often we use the words "joy" and "happiness" interchangeably, but really there is a significant difference. Happiness is a product of our surroundings, but joy, on the other hand, comes from within.

Happiness is a result of what happens to us. Joy is a result of what happens in us. True joy is an inner strength that comes from our fellowship with Father God. God tells us in His Word that when we are in His company there is fullness of joy and that His joy is a source of strength to us. This joy does not waver in the face of adversity. His joy is a stabilizing force that will sustain us in the storms of life. His joy will give you strength and courage to face any situation with a smile on your face and a song in your heart.

God tells us in His Word to be joyful when we face the trials of this life, knowing that He will take care of us. We're to rejoice and be glad every day, knowing that each day is a gift from Him. If we will make it a priority to live lives of thanksgiving and praise, His joy will fill our hearts. As you spend time with the Lord and put your complete trust and confidence in His love for you, His joy will become grafted into your life. His joy will become your joy. Then, when trouble comes or difficult circum- stances pop up, you can face them with an unshakeable joy that will undergird you and sustain you. Make a decision today to let the joy of the Lord rule in your heart!

◆ 기도

주여! 당신이 나를 사랑하시기 때문에, 당신은 내가 내 삶의 모든 영역에서 축복을 받고 충족되기를 원하시나이다. 나는 진정한 기쁨이 당신에게서 나온다는 것과 당신이 실망과 시련 속에서도 내가 기뻐할 수 있도록 도와주실 수 있다는 것을 알고 있나이다. 내 마음이 내 삶의 단점이나 내가 직면한 문제에 집중하는 것이 아니라 당신과 나를 위해 행하신 일에 집중하도록 해주소서.

성경은 이렇게 말씀하나이다. "이 날은 여호와께서 정하신 것이라 이 날에 우리가 즐거워하고 기뻐하리로다"(시 118:24). 나는 당신과 함께라면 당신이 결코 나를 떠나지 않으실 것이고, 나를 외면하지 않으실 것이기 때문에 혼자가 아니라는 것을 알기 때문에 나는 기뻐할 수 있나이다.

나는 당신이 나의 삶을 오늘 하루 그리고 매일 당신의 기쁨으로 채워주시기를 요청하나이다. 아멘.

◈ Prayer

Lord,

Because You love me, You want me to be blessed
and fulfilled in every area of my life. I know that true
joy comes from You and that You can help me to re-
joice even in the midst of disappointments and trials.
Let me keep my mind focused on You and what You
have done for me and not on the shortcomings of my
life or the problems I face.

The Bible says, "This is the day the Lord has made;
we will rejoice and be glad in it." I can rejoice because
I know that with You I am not alone-You will never
leave me or turn away from me.

I ask You to fill my life with Your joy today and
every day.

◆ 성경

"그의 영광의 힘을 따라 모든 능력으로 능하게 하시며 기쁨으로 모든 견딤과 오래 참음에 이르게 하시기를 원하노라."

-골 1:11

"소망의 하나님이 모든 기쁨과 평강을 믿음 안에서 너희에게 충만하게 하사 성령의 능력으로 소망이 넘치게 하시기를 원하노라."

-롬 15:13

"… 근심하지 말라 여호와로 인하여 기뻐하는 것이 너희의 힘이니라."

-느 8:10 하

"내 형제들아 너희가 여러 가지 시험을 당하거든 온전히 기쁘게 여기라 이는 너희 믿음의 시련이 인내를 만들어 내는 줄 너희가 앎이라."

-약 1:2-3

◈ Scriptures

"Strengthened with all might, according to his glorious power, unto all patience and longsuffering with joyfulness;"

-COLOSSIANS 1:11

"Now the God of hope fill you with all joy and peace in believing, that ye may abound in hope, through the power of the Holy Ghost."

-ROMANS 15:13

"···And be not grieved and depressed, for the joy of the Lord is your strength and stronghold."

-NEHEMIAH 8:10B (AMP)

"My brothers and sisters, think of the various tests you encounter as occasions for joy. After all, you know that the testing of your faith produces endurance."

-JAMES 1:2-3 (CEB)

"진정한 기쁨은 삶에 대한 열정, 거기에 매달리려는 의지, 그리고 다른 사람들을 격려하려는 욕망과 같은 것을 가져온다."

- 척 스윈돌(Chuck Swindol)

"True joy brings with it things like enthusiasm for life, determination to hang in there, and a desire to encourage others."

- CHUCK SWINDOL

지은이에 관하여

30년 이상 기독교 출판에 참여한 키이스 프로방스(Keith Provance)는 성경적으로 삶을 변화시키는 서적의 출판 및 전 세계 배포를 전담하는 회사인 성령과 말씀 출판사의 설립자이자 사장이다. 그는 또한 국가 및 국제 사역의 출판 컨설턴트로 일한다. 키이스(Keith)는 그의 아내와 그의 아들 제이크(Jake)와 함께 계속해서 글을 쓴다. 그와 그의 아내 메건(Megan)은 총 2백만 부 이상의 판매고를 가진 다수의 베스트셀러를 저술했다. 그들은 오클라호마(Oklahoma) 주 툴사(Tulsa)에 살고 있으며 세 아들 라이언(ryan), 개럿(Garrett) 그리고 제이크(Jake)의 부모이다. Keith@WordAndSpititPublishing.com으로 키이스(keith)에게 연락할 수 있다.

제이크 프로방스(Jake Provance)는 열성적인 독서가이자 야심 찬 젊은 작가로 다섯 권의 책을 썼고 몇 권을 더 쓸 계획을 가지고 있다. 제이크(Jake)의 첫 번째 책인 「잠잠히 하나님만 믿으라」는 70만 부 이상이 팔렸다. 그는 오클라호마

(Oklahoma) 주 툴사(Tulsa)에 있는 도마타(Domata) 성경 학교를 졸업했다. 그는 특히 젊은이 사역에 열정을 가지고 있으며 목회 조언 사역에 소명이 있다. 제이크(Jake)와 그의 아내 레아(Leah)는 오클라호마(Oklahoma) 주 툴사(Tulsa)에 산다.

제이크(Jake)의 블로그를 Life-Speak.com에서 확인하라. 제이크(Jake)에게 연락해도 좋다. Jake@WordAndSpitit-Publishing.com으로 제이크(Jake)에게 연락할 수 있다.

옮긴이에 관하여

옮긴이 한길환 목사는 미국 Oakland City University를 졸업(문학사)하고 Kurper College에서 수학(기독교교육학사)했으며, 총신대학 신학대학원에서 목회학석사(신약전공)를 졸업하고 서울 성경신학 대학원대학교에서 신학석사(구약전공)를 졸업하고, 동대학원대학교 박사과정(구약전공)를 수학하고 서울 한영대학교 통역대학원 통역학 석사(통역전공)를 졸업했다. 역서로는 우드로우 크롤의 '성경의 기본시리즈(10권)', 찰스 스탠리의 '기도의 핸들', 워치만 니의 '영적 능력의 비밀', 폴 켄트의 '당신의 성경을 알라', 데이비드 위트콤과 마크워드의 '진정한 예배', 조쉬 맥도엘 & 션 맥도엘의 '부활 그리고 당신', 키이스 프로방스 & 제이크 프로방스의 '잠잠히 하나님을 믿으라(상.하)'가 있으며, 근간으로 엘맨 출판사의 존 D. 길레스피의 '인간의 영혼 안에 계시는 하나님의 새 생명', 조쉬 맥도엘 & 케빈 존슨의 '청소년을 위한 놀라운 성경 모험', '청소년을 위한 성경에 관한 최고의 답변', 키이스 프로방스 & 제이크 프로방스의 '예수님은 왕이시다' 외

동 저자의 5권의 책이 있다. 그는 현재 충남 홍성 생명의 강가 작은 서재에서 번역 사역과 신앙 서적 집필에 전념하고 있다.